铁路弱膨胀土路基填筑工艺试验工作指南

上海铁路局 著

中国铁道出版社

2012年·北 京

图书在版编目(CIP)数据

铁路弱膨胀土路基填筑工艺试验工作指南/上海铁路局著.—北京:中国铁道出版社,2012.1

ISBN 978-7-113-14074-8

Ⅰ.①铁… Ⅱ.①上… Ⅲ.①膨胀土地基:铁路路基—填筑—工程施工—指南 Ⅳ.①U213.1-62

中国版本图书馆 CIP 数据核字(2011)第 278038 号

书　　名: **铁路弱膨胀土路基填筑工艺试验工作指南**

作　　者: 上海铁路局

责任编辑: 徐　艳　　**电话:** 010-51873193　　**电子邮箱:** xy810@eyou.com

编辑助理: 江新照

封面设计: 崔　欣

责任校对: 焦桂荣

责任印制: 陆　宁

出版发行: 中国铁道出版社 (100054, 北京市西城区右安门西街 8 号)

网　　址: http://www.tdpress.com

印　　刷: 中国铁道出版社印刷厂

版　　次: 2012 年 1 月第 1 版　2012 年 1 月第 1 次印刷

开　　本: 880 mm×1 230 mm　1/32　**印张:** 3.5　**字数:** 98 千

书　　号: ISBN 978-7-113-14074-8

定　　价: 27.00 元

前　言

路基作为支撑轨道结构的土工结构物，不仅要满足强度要求，还要满足刚度要求。国内外对于路基填料改良的方法，多以物理及化学改良为主。物理改良是对填料的粒径组成及级配进行物理改善，使其成为物理力学性质满足设计要求的新填料；化学改良主要是通过向填料中加入固化剂等掺合料，促使土与掺合料之间发生相互作用，从而使土的结构和性质发生根本的改变。膨胀土改良常用厂拌、路拌两种方法。

建设工程工艺试验是为了考查摸索施工工艺方法、参数的可行性，验证设计方案、参数的合理性而进行的一系列活动，在工程产品的形成中起着重要作用。如何加强建设工程工艺试验管理，规范施工过程的工艺工法和工序流程，是铁路建设落实科学发展观的重要内容，是保证工程质量的客观要求，是不断提高建设工程施工和管理水平的重要载体。

铁路路基工程工艺试验是质量管理中的一个重要环节，实施路基工程首件认可制，将工程质量的事后检查把关，转向对质量的事前控制、事中控制；从对产品质量的检查，转向对工作质量、工序质量、中间产品质量的检查；从工艺试验结果的检查，转向深刻理解工艺试验原理，确保产品质量和建设管理水平的全面提高。

上海铁路局经过近几年的不断实践，总结形成了建设管理“431”工作法，在工艺试验方面进行了一些探索，全面推行工艺试验、首件认可、验收评估等制度。本书认真总结了阜六铁路弱膨胀土路基旋耕机加铧犁机械组合施工工艺试验的试验组织、管理制度、实施过程等各个环节的经验教训，明确了工艺试验管理的工作程序、各阶段的工作重点，优化了机械组合，获取了最佳的松铺厚度、碾压方式及机械使用顺序，可为以后同类施工提供借鉴。

本书在编著过程中得到中铁二十四局张宜柳、张强、吴腾飞，四川铁科监理公司吴佳宾、刘勇、李孙祥等同志的大力支持和帮助，在此表示感谢！由于编者水平有限，不妥之处，敬请谅解。

本书主要起草人：张骏、魏洪山、汪书生、严赪强、董洪刚、徐新生、陈华实。

本书主要审查人：王峰、李迎九、金武、苏杰、王纪然。

目　　录

1 概　　述

铁路建设工程首次施工、先行段、新工艺、新工法、新技术、新材料推广应用前应坚持试验先行，根据试验数据优化、修正设计参数和设计方案，工艺试验[①]成果经验收评估后方可推广应用。

工艺试验应从管理制度、人员配备、现场管理、过程控制[②]和系统总结等方面加强标准化管理，建立健全管理制度，通过对工艺试验的系统总结，实现铁路建设项目"建设管理科学，过程操作规范，理论方法创新，工程质量一流"的总体目标。

工艺试验应积极采用技术先进、经济合理、安全可靠的装备、材料和施工方法，积极推广应用具有先进性、科学性和实用性的新工艺，提高施工效率、降低成本、节约资源、保护环境。工艺试验管理必须从源头抓起，突出样板示范效应，以点带面、以点促面、点面结合，全面推广和发挥典型示范效应和推动作用。工艺试验应积极推行机械化、工厂化、专业化、信息化，注重方案先行、注重试验过程、注重试验细节、注重试验总结、注重典型引路、注重推广应用。参与人员应经岗前培训合格，持证上岗；特殊工种人员应取得国家或相关部门的职业资格。采用的大型机械设备、测试设备及各种原材料应符合国家和铁道部现行有关标准。

弱膨胀土[③]路基填筑全面施工前应选择有代表性的地段进行工艺试验，并注重以下几方面：

1　项目管理机构和施工、监理、设计单位成立工艺试验的专门组织管理机构，编制工艺试验推进计划，安排专人负责工艺试验的具体实施。工艺试验方案编制以前，设计单位进行设计交底，施工单位对设计图纸中工程、水文地质和环境条件进行现场核实，调查施工场地条件和施工存在的困难，收集施工范围内施工机械进出通道等情况。施工单位编制的工艺试验专项方案[④]和监理单位编制的专项监理实施细则，按程序逐级审查，逐步完善，经批准后方可实施。施工单位应办理开工报告等相关手续，编制作业指导书[⑤]和技术交底书，并按规定进行技术交底[⑥]。

2 弱膨胀土路基填筑施工工艺试验应由专业化施工队伍负责施工，根据填料的种类、性质、压实标准及施工条件选定适宜的施工机械组合，机械参数应满足工艺试验要求，经监理单位审查合格后方可进场。

3 施工前，根据设计要求对取土场土源进行土质检测分析，确定土质类别；试验段土、改良土[⑦]外掺料、水等原材料进场前必须经检验[⑧]合格，室内标准试验应确定改良土最大干密度和最佳含水量、灰剂量 EDTA 滴定曲线；所使用的试验室须经验收合格。

4 试验段填筑前，下承层必须经验收[⑨]合格。

5 试验段的填筑必须严格按“三阶段、四区段、八流程”的工艺流程施工，几种作业不得交叉进行。填层的松铺厚度应满足压实后不大于检测方法所控制的最大层厚，并能达到设计要求的压实标准。填层最佳厚度和相应的压实遍数，应通过逐渐调整填层的松铺厚度获得。

6 试验段填筑过程中，宜建立以施工单位各层次自检、各工序[⑩]互检，监理单位巡检、旁站、平行抽检，项目管理机构抽检的基本质量控制模式；设计、监理单位应安排专人指导、监督工艺试验的实施；施工单位根据试验数据，及时优化、修正施工方案。

7 工艺试验段填筑完成后，应及时编制试验段总结报告。

8 试验段施工现场应设立标志，对作业标准、工艺流程、操作规范、现场人员等一一明示。试验段施工现场标志牌见图 1—1。

①工艺试验是指为了考查探索和验证设计要求的工艺方法、工艺参数的可行性或材料的可加工性，依据技术规范的规定，在动工之前预先进行的试验，根据工艺试验结果，全面指导施工。

②过程控制是指为实现工程的预期目标，在施工过程中根据实际情况从“人、机、料、法、环”等方面实时进行优化、纠偏的活动。

③膨胀土是一种具有膨胀性矿物成分蒙脱石等亲水性的高塑性黏土，具有较大的吸水后显著膨胀、失水后显著收缩特性和反复胀缩变形、浸水承载力衰减、干缩裂隙发育等特性，性质极不稳定。弱膨胀土是指自由膨胀率≥40%、<60%，蒙脱石含量≥7%、<17%，阳离子交换量≥17【mmol(NH_4^+)/100 g 干土】的膨胀土。

图1—1 阜六铁路弱膨胀土路基填筑工艺试验段施工现场标志牌

④专项方案一般指施工单位针对危险性较大的分部分项工程单独编制的安全技术措施文件。本文中指针对工艺试验单独编制的实施性施工组织设计文件。

⑤作业指导书是指用于指导某个具体过程和事物形成的技术性细节描述的可操作性文件。

⑥技术交底是指在某一单位工程开工前，或一个分项工程施工前，由主管技术领导向参与施工的人员进行的技术性交待，其目的是使施工人员对工程特点、技术质量要求、施工方法与措施和安全等方面有一个较详细的了解，以便于科学地组织施工，避免技术质量事故的发生。

⑦改良土是指通过在土中掺入石灰、水泥等掺合料改变土的化学成分，或掺入中、粗砂和卵、碎石、砾石等材料改变土的颗粒级配，提高了工程性能指标的土体。

⑧检验是指对检验项目中的性能进行量测、检查、试验等，并将结果与标准规定要求进行比较，以确定每项性能是否合格所进行的活动。

⑨验收是指建筑工程在施工单位自行质量检查评定的基础上，参与建设活动的有关单位共同对检验批、分项、分部、单位工程的质量进行抽样复验，根据相关标准以书面形式对工程质量达到合格与否做出确认。

⑩工序是指施工过程中，具有相对独立特点的作业活动，或由必要的技术间歇或停顿分割的作业活动，它是施工过程的基本单元。

2 工艺试验前提条件

项目管理机构和施工、监理、设计单位成立工艺试验组织管理机构，编制工艺试验推进计划，安排专人负责工艺试验的具体实施，明确参建各方和各级参与部门、人员的职责，确保工艺试验管理工作落到实处。

2.1 基本要求

1 项目管理机构成立由分管领导任组长，工程和安质部负责人、相关专业技术人员和施工、监理单位负责人以及设计单位现场负责人任组员的工艺试验领导小组，并成立专家组。

1)安排专人专职开展工艺试验管理，确保工艺试验管理工作落到实处。

2)制订管理制度，明确各参与人员在试验各阶段的职责。

3)依据项目实际制定工艺试验工作推进计划和工作展开表。

4)对工艺试验专项方案进行审核。

5)定期召开工艺试验工作总结分析会议，检查、总结、分析、协调解决工艺试验工作的突出问题，每月定期对工艺试验工作进行总结。

6)对工艺试验进行全过程管理，确保工艺试验数据和成果的真实性和准确性，督促施工、监理单位做好工艺试验资料的管理，并建立台账。

7)试验完成后，应检查监督施工单位按试验结果完善优化施工工艺，并在全线推广应用。

8)根据具体工艺试验的目的和要求，结合现场出现的问题或者典型事例，积极采取科学、有效的手段，开展工艺试验工作程序、标准规范、技术条件、质量控制重点和相应措施等专项培训，并纳入项目管理机构教育培训计划。

2 监理单位成立由总监理工程师任组长，路基、测量、试验专业监理工程师和相关监理人员任组员的工艺试验监理组。

1)制定本单位的管理制度,明确相关人员的职责。

2)对施工单位提报的工艺试验专项方案进行审核。

3)总监理工程师组织制定针对性的专项监理计划,对关键工序进行签认,对施工单位提交的工艺试验技术总结报告进行审核,组织初评估,编写监理总结和初评估报告。

4)专业监理工程师对施工单位提报的工艺试验方案进行审核,编制监理实施细则并在实施过程中进行全方位的监督管理,对试验过程中的每道工序进行签认,对试验报告中数据的真实性和准确性负责。

5)试验完成后,监督施工单位按审批确定的的工艺参数施工。

6)对工艺试验工作程序、施工工艺、最佳松铺厚度、填料含水率、灰剂量、试验检测方法和压实机械的碾压程序、碾压速度、碾压遍数、机械使用顺序等监理要点进行专项培训,并纳入监理教育培训计划。

3　设计单位成立由现场负责人任组长,相关专业设计人员任组员的工艺试验配合组。

1)制定本单位的工艺试验管理制度,指定专人现场配合工艺试验。

2)参与审查施工单位提报的工艺试验专项方案,指导工艺试验实施,参与工艺试验技术总结的验收评估,对最终工艺参数进行确认。

3)对工艺试验施工进行定期和不定期检查。

4　施工单位成立由负责人任组长,工程、安质、计划物资部和试验室负责人及相关专业技术人员任组员的工艺试验现场推进组。

1)制定本单位的工艺试验管理制度,明确职责,建立工作机制。

2)编制工艺试验专项方案报监理单位和项目管理机构进行审批(核)。

3)根据批准的工艺试验专项方案组织开展工艺试验工作,及时记录相关数据,做好试验数据、影像资料的收集工作,建立台账。

4)编制工艺试验技术总结报告和自评估报告,做好试验数据、影像资料的整理和保存工作,及时申请验收评估。

5)根据验收评估最终确认的试验参数,优化施工工艺,组织推广应用。

6)开展工艺试验工作程序、施工工艺、最佳松铺厚度、填料含水率、灰剂量、试验检测方法和压实机械的碾压程序、碾压速度、碾压遍数、机械使用顺序等专项培训。

2.2 工作制度

项目管理机构和施工、监理、设计单位应建立确保工艺试验顺利实施的各项制度,主要包括技术、质量、安全、施工方案审查、培训、技术交底、作业指导书、监理旁站、监理检查巡查、试验检验、施工测量复核、过程检验验收、总结和验收评估、物资设备等内容。

1 技术管理制度是指在基础技术管理工作中必须建立的一些制度,由项目管理机构分管领导组织工程、安质等部门根据国家法律法规、铁道部和铁路局相关规范和规定,结合工程实际情况,在正式开工前编制完成,以文件形式签发。施工、监理单位根据项目管理机构编制的技术管理制度,结合工程实际情况,在正式开工前编制完成,以文件形式签发,报送项目管理机构备案。主要包括工程测量、施工图现场核对、施工技术交底、开工报告申请、编制作业指导书、专项施工方案及专家论证审查、基础技术资料管理等内容。

1)施工图现场核对

项目管理机构收到施工图设计文件后,及时组织设计、监理、施工单位有关技术人员完成施工图核对,重点核对技术、安全、环保、水保等措施。施工、监理单位接到施工图后,应进行施工图现场核对,重点核对标高、位置等。监理单位在批准工点开工报告时,应说明该工点施工图现场核对情况,未经现场核对的工点不准开工。

2)开工报告申请

弱膨胀土路基填筑工艺试验应单独填写开工报告,开工报告主要包括工程开工报审表、主要进场人员报审表、进场施工机械、设备报验单等内容,报监理单位、项目管理机构依次审核同意后方可开工。项目管理机构、监理单位应重点审查:现场是否具备开工条件,施工方案是否报审并修改完善,人员资质、数量是否满足要求,进场机械设备是否满足要求,进场材料是否检验合格。

3)基础技术资料管理

工艺试验基础技术资料主要包括设计文件、施工图纸、相关协议纪要、工艺试验专项方案、专项监理实施细则、作业指导书、技术交底、测量复核记录、试验检验资料、各阶段报审表、试验参数记录、各种总结报告、技术活动资料(含文字、图片、图纸)、工序签认[①]记录等。每一填层结束后,基础技术资料应及时整理、组卷。

2 质量管理制度是为确保工程质量得到有效控制而制定的一系列制度,由项目管理机构分管领导组织工程、安质部根据国家法律法规、铁道部和铁路局相关规范和规定,结合工程实际情况,在正式开工前编制完成,以文件形式签发。施工、监理单位根据项目管理机构编制的质量管理制度,结合标段工程实际情况,在正式开工前编制完成,以文件形式签发,报送项目管理机构备案。主要包括材料、设备进场检验及存储管理、工程质量试验、样板引路、质量检查申报与签认、成品保护等内容。

1)质量检查、申报与签认

项目管理机构组织施工、监理单位定期对工艺试验实施情况进行综合检查,各级负责人、技术人员、安质人员应经常对施工作业场所进行检查,重点检查原材料、松铺厚度、翻拌、旋耕深度、拌灰均匀性等关键项目;采用旋耕机加铧犁机械组合时,需检查旋耕深度。对发现的质量问题现场填发问题整改通知书,明确整改计划、措施、责任人和标准。各工序完成后,施工单位应严格遵守“三检”制,由质量员自检合格后,填写检验批报监理单位验收,验收合格后进入下一步工序。

对摊铺晾晒、拌和、机械碾压等工序,项目管理机构和施工、监理单位应按规定进行工序签认;采用旋耕机加铧犁机械组合时,需对第一次布灰、第一次拌和、铧犁旋耕、第二次布灰、第二次拌和进行工序签认。

2)成品保护

验收合格的填层上应及时覆盖上层填料,防止水分过快散失。养生期间,除洒水车外,其他施工机械禁止进入填层表面行驶。每一区段施工期间应按规定在现场设立标识。

3)样板引路

施工单位严格工艺试验每道工序的控制，项目管理机构组织设计、监理、施工单位验收合格后作为样板工程。

3　安全管理制度是安全基础管理工作的基本依据，由项目管理机构分管领导组织工程、安质部根据国家法律法规、铁道部和铁路局相关规范和规定，结合工程实际情况，在正式开工前编制完成，以文件形式签发。施工、监理单位根据项目管理机构编制的安全管理制度结合标段工程实际情况，在正式开工前编制完成，以文件形式签发，报送项目管理机构备案。主要包括安全生产责任、安全生产教育培训、安全技术交底、特种作业与特殊岗位人员持证上岗、安全检查与考核、机械与电气设备及危险岗位的操作规程和书面告知、"三同时"、应急处置等内容。

1)安全生产责任

项目管理机构和施工、监理单位应分级成立安全管理组织机构，建立健全安全组织、技术措施保证体系，明确各级领导和部门及各岗位人员的安全职责；按照规定和现场需要分级设置专门检查机构，配备专职安全工程师。

2)特种作业与特殊岗位人员持证上岗

施工单位试验、测量、质量、安全专业人员、大型施工机械操作人员和监理单位试验、测量专业监理人员应持国家或相关部门颁发的有效证件，持证上岗。

3)安全检查与考核

项目管理机构和施工、监理单位应根据铁道部《关于铁路建设项目施工及监理考核的指导意见》(铁建设〔2008〕247号)和铁路局、项目管理机构的相关规定建立安全检查评比考核办法。项目管理机构和施工、监理单位应按规定对施工现场进行安全检查，对发现的问题现场填发问题整改通知书，明确整改计划、措施和责任人。

4)机械与电气设备及危险岗位的操作规程和书面告知

施工单位应向推土机、平地机、压路机、自卸汽车作业人员书面告知危险岗位的操作规程和违章操作的危害。对布灰人员、试验人员等涉及危险源的从业人员应按规定提供安全防护用具和安全防护服装，并书面告知危险岗位的操作规程和违章操作的危害。

5)应急处置

针对可能发生的事故,编制应急处置方案,主要包括总则、危险性分析、组织结构及职责、预防与预警、应急响应、信息发布、后期处置、保障措施等内容。

对机械、试验设备使用和试验、作业人员存在的危险源进行分析,明确危险源等级;针对发生机械倾覆、机械伤人、触电伤害等情况,制订应急处置措施。对施工现场发现的安全隐患,要立即处理,隐患未克服,不得继续施工。

发生安全事件时,要按规定程序进行处理。

4 工艺试验专项方案及专家论证审查

施工单位应根据设计文件、施工图、现场实际情况和项目管理机构、监理单位相关要求,编制工艺试验专项方案。编制后,应按规定程序、规范表格逐级上报、逐级审查,逐步完善。工艺试验专项方案应由项目管理机构或铁路局邀请专家进行论证、审查。

5 培训制度

施工前,项目管理机构和施工、监理单位应组织相关人员进行岗前学习培训和安全、技术交底,并经考试合格,建立培训档案。施工机械操作和监理、试验、测量人员等须取得国家相关部门颁发岗位资格证。主要内容包括:主要技术标准和工程建设情况,设计规范、施工指南、验收标准,施工工艺、技术要求,质量、安全控制重点及相应措施,检测方法等。

6 交底制度

交底主要包括设计交底、施工交底和监理交底。

设计交底由项目管理机构组织,设计单位交底;施工交底由施工单位按三级交底组织实施,交底内容包含技术交底、安全交底;监理交底由监理单位按二级交底组织实施,交底内容包含技术交底、安全交底。

技术交底的主要内容按照铁道部《关于印发〈铁路建设项目技术交底管理暂行办法〉的通知》进行。设计技术交底由设计单位根据审核合格的施工图,就设计内容、设计意图和施工注意事项向施工、监理等单位进行说明,解答施工、监理等单位提出的问题;施工单位技术交底由项目总工程师及技术主管人员依据设计文件和设计技术交底纪要，将施工方案及施工工艺、施工进度计划、过程控制及质量标准、作业标准、材料设备及工装配置、安全措施及施工注意事项等向参与施工的技术管理人员和作业人员进行传达。

安全交底的主要内容包括：施工项目的作业特点和危险点、针对危险点的具体预防措施、应注意的安全事项、相应的安全操作规程、发生事故后应及时采取的应急措施。

施工、监理单位交底前，应编制交底书，并按规定履行审核手续；交底完毕后，所有参加交底的人员应签认，记录存档。每一层路基填筑后，最佳松铺厚度、施工含水率、灰剂量、压实机械的碾压方式和机械使用顺序等发生变化后，应重新进行技术交底。

7 作业指导书制度

施工单位应针对施工过程和施工工序，结合工程实际逐项编制作业指导书，经项目总工程师审批后下发执行。作业指导书发放和接收应统一编号和登记。每一填层完成后，试验参数发生变化时，应重新编制作业指导书。

8 监理旁站制度

监理工程师应分专业对摊铺晾晒、拌和、机械碾压等关键工序和改良土含水量、拌和次数、灰剂量、压实遍数、压实系数 K_h 和地基系数 K_{30} 等关键指标的检测、测量应全过程旁站。

9 监理检查、巡查制度

监理工程师应对工艺试验工作进行定期、不定期的检查、巡查，对试验过程进行全方位的监督管理。主要内容：施工单位是否按照批准的工艺试验专项方案进行施工；进场材料、设备是否按程序报验并核查其是否满足施工要求；施工单位是否及时对相关检测试验数据进行总结、修正、报审；施工单位是否按确定的工艺试验参数施工；施工单位现场管理人员是否到岗到位。

10 试验检验制度

施工、监理单位工艺试验使用的试验室需经授权、验收合格、满足施工现场检测需要。检测前，检测人员应掌握现场检测的方案；检测数据应在现场进行整理，原始记录应现场签认；检测结束后，应在规定时间内出具检测结论，及时反馈给参建各方。

平行或见证检验中发现不合格情况时，专业监理工程师及时通知施工单位暂停工序施工或返修处理；经进一步核查或处理后，重新按照规定进行检验、验收，直到合格为止。

11　工程测量复核制度

工程测量主要包括交接桩、施工复测、控制测量及放样测量等。其重点是填层松铺的厚度、宽度、纵横向坡度，旋耕、翻拌深度，压实后的厚度、平整度、纵横向坡度，每层厚度的均匀性和纵、横向搭接长度。

施工、监理单位应根据试验段施工需要配齐合格的专职测量人员和测绘设备，测绘设备应在鉴定证书有效期内使用，按规定进行检验、校正；施工单位的检测仪器设备使用前应上报监理单位审批。

施工单位测量工作应按照"测量技术人员测量—技术主管复核—项目总工程师审定"的程序执行。监理单位在开工前复核中线、水准基点桩的设置，施工过程中按规定频次对线路中心、高程、沉降观测② 等进行复核，对施工单位测量过程全过程见证。测绘成果不合格时，应按规范要求补测或重测。

12　总结和验收评估制度

每一填层结束后，施工、监理单位应及时对试验参数进行总结、分析、修正，为下一填层施工提供技术参数。工艺试验结束后，项目管理机构和施工、监理单位应按规定程序组织验收评估，及时编制总结报告，并报批；项目管理机构组织施工、监理、设计单位根据试验数据优化、修正设计参数和设计方案，确认最终参数。

铁路局宜组织项目管理机构等相关单位并邀请有关专家对试验结果进行验收和评估，形成试验段验收评估报告，施工单位根据批准后的报告组织全线施工。

①工序签认是指一道工序完毕，施工的承接方与完成方经双方检查并对可否继续进行施工工序交接文件上实名签字确认的活动。

②沉降观测是指用几何水准、三角高程测量等测量方法获取建(构)筑物在垂直方向的位移变化量。

3 工艺试验前期准备

工艺试验的前期准备工作主要包括试验段的选取，工艺试验专项方案和专项监理实施细则的制订、审核、完善，人员、机械设备、材料的配置、进场验收，作业指导书、技术交底的制订、审核。需注意的是当试验参数发生变化后，施工、监理单位要根据参数的变化重新进行作业指导书的编制和技术交底。

3.1 试验段的选取

弱膨胀土路基填筑路拌法[①]施工工艺试验前，设计单位必须进行施工图交底，项目管理机构组织勘察、设计、监理、施工等相关单位对施工现场进行全面调查，确定试验段数量、规模、位置。一般包含以下内容：施工范围内的地质、水文、气象、交通等情况；当地施工机械等资源的持有类型及持有量；各项临时工程和防排水设施的设置情况；调查核对土源位置、填料类别等相关资料；设计工程数量。

3.1.1 工艺试验地点及规模确定

试验段应选在填方工程量集中、施工时间较长或需要尽早开工填筑完成的地段。当沿线填筑的土质变化较大时，试验段应选在土质较好且对今后施工有广泛指导作用的地段。弱膨胀土路基填筑路拌法施工工艺试验段应根据设计工程数量，选择不少于 2 个试验段，每个试验段的长度一般不宜小于 600 m。经各种条件比选后，选择最具代表性的地段作为最终工艺试验段。

工艺试验段确定后，由项目管理机构填写试验段实施计划表报铁路局批准，试验段实施计划表见附表 1。

3.1.2 试验段选取实例

以阜六铁路弱膨胀土路基基床底层旋耕机加铧犁机械组合施工工艺试验为例，选取了 DK126＋900～DK127＋300 和 DK129＋960～DK130＋770 两试验段进行对比，DK126＋900～DK127＋300 段比 DK129＋960～DK130＋770 段具有“无桥涵，路基填筑连续，路基断面适中，附近土源具有代表性且取土方便，交通便利且离村庄较远，对环境污染较小”等特点，经各方面研究比选，最终确定 DK126＋900～DK127＋300 段为弱膨胀土路基填筑工艺试验段。

试验段确定后，上海铁路局阜阳枢纽指挥部根据试验段选取结果编制试验段实施计划表，报上海铁路局批准。阜六铁路弱膨胀土路基填筑工艺试验试验段实施计划表见图 3.1—1。

试验段实施计划表

工程项目名称	新建阜阳至六安铁路	
试验性质	膨胀土路基试验段工法施工	
试验里程及长度	DK126+900-DK127+300 共计400米	
所属标段	II标	
项目管理机构	单位名称	上海铁路局阜阳铁路枢纽工程建设指挥部
	主管人员	苏 杰
	联系电话	
施工单位	单位名称	中铁二十四局阜六铁路II标项目经理部
	主管人员	熊军
	联系电话	
监理单位	单位名称	四川铁科建设监理有限公司
	主管人员	吴佳宾
	联系电话	
设计单位	单位名称	中铁上海设计院集团有限公司
	主管人员	钟志华
	联系电话	
计划开工日期	2010年5月1日	
计划完工日期	2010年5月20日	

试验段概况：

试验段填方路基选在阜六铁路DK126+900-DK127+300，路基本体设计为弱膨胀土，普通填料，填筑高度为3.1米，平均宽度为18米。路基机床底层填土高度设计为1.9米，本试验段设计为改良土，灰剂量为5%。施工工艺：采用2次布灰、2次拌合，旋耕机与铧犁机械组合方式，该种施工工艺相对于传统的路拌机施工工艺相比，在能达到同样施工质量的前提下，机械设备成本减小，可多点施工，增加了效率同时较少了成本。

我单位已根据《上海铁路局建设工程工艺实验管理暂行办法》的有关规定，完成了该试验段的选取及实施计划安排。

项目管理机构（章）

日　期：2010.3.28

本表一式二份，由项目管理机构填写，建设处、项目管理机构各一份。

图 3.1—1　阜六铁路弱膨胀土路基填筑工艺试验试验段实施计划表

①路拌法是指使用特殊的机械设备(灰土拌和机和旋耕机加铧犁机械组合),直接在施工现场对需改良的土质进行拌和施工的一种施工方法。

3.2　专项方案

3.2.1　工艺试验专项方案

1　编制

试验段实施计划经铁路局批准后,施工单位根据设计文件和有关标准,由项目总工程师组织路基、测量、试验、质量、安全等专业工程师编制工艺试验专项施工方案。工艺试验专项施工方案主要包括以下内容:

1)目的、意义:根据试验段类型重点表述工艺试验的目的及其意义,阐述试验段控制点及预期效果。

以阜六铁路DK126+900~DK127+300段基床底层弱膨胀土路基填筑旋耕机加铧犁机械组合施工工艺试验为例,试验段的目的、意义:

通过每一填层的试验总结,优化机械组合,获取最佳松铺厚度,碾压方式和机械使用顺序;

获取旋耕机加铧犁机械组合的施工周期,并通过与灰土拌和机施工周期相比较,得出旋耕机加铧犁机械组合施工的工期效益;

获取旋耕机加铧犁机械组合的施工成本,并通过与灰土拌和机施工的施工成本相比较,得出旋耕机加铧犁机械组合施工的经济效益;

通过与厂拌法施工的工期、经济、社会效益等方面进行比较,得出旋耕机加铧犁机械组合施工的利弊。

2)编制依据:《铁路路基工程施工质量验收标准》、《客货共线铁路路基工程施工技术指南》、《铁路工程土工试验规程》、《上海铁路局建设工程工艺试验管理暂行办法》和施工组织调查报告、项目建设单位相关批复文件。

3)工程概况、设计要求、技术难点、过程重点:介绍项目的工程情况,主要技术标准,着重介绍与施组有关的工程特点、控制工序、重点工序。根据试验段的目的及意义编制试验段重点控制工序及控制措施。总体要求突出重点,目标明确,措施得力。

以阜六铁路DK126+900~DK127+300段基床底层弱膨胀土路

基填筑旋耕机加铧犁机械组合施工工艺试验为例，其主要技术标准、路基工程特点、控制工序和重点工序为：

(1)主要技术标准

铁路等级：Ⅰ级；正线数目：单线，预留双线条件(控制性工程的桥梁墩台一次建成)；设计行车速度：160 km/h，预留 200 km/h 平面条件；限制坡度：6‰。

(2)路基工程特点

全线路基所占比例较大且部分地段为浸水、软土路基，A、B 组土填料缺乏，填料来源为沿线挖取土坑取土，土源主要为 D 组的中等或弱膨胀性土。其中：借土填方数量巨大，填料的来源和运输组织是本段路基工程施工的难点；借土改良工程量大、施工质量控制因素多，易污染环境，环境保护难度大。

(3)控制工序和重点工序

试验段采用 5%的灰土，采取两次布灰、拌和的施工方式，控制工序为：摊铺晾晒、第一次布灰、第一次拌和、铧犁旋耕、第二次布灰、第二次拌和、机械碾压。重点工序为：第一次布灰、第一次拌和、铧犁旋耕、第二次布灰、第二次拌和。

4)施工机械和人员配置、劳力组织：根据试验段规模介绍施工机械种类、工种和劳力分配，形成资源配置表，其中包括：机械配置表和劳力配置表以及劳力分配表。

5)计划节点安排：根据试验段总工期安排，分解每道工序工期，同时反向验证总工期合理性。工期节点安排要符合实际，同时应根据施工进展情况合理调整节点工期，得出实际合理的工序时间，以便为后续类似工程的施工提供指导意见。

以阜六铁路 DK126＋900～DK127＋300 段基床底层弱膨胀土路基填筑旋耕机加铧犁机械组合施工工艺试验为例，计划实施时间：2010 年 5 月 1 日至 2010 年 5 月 20 日。计划实施步骤：按施工工艺分七层填筑。

第一层：施工时间 2010 年 5 月 1 日；

第二层：施工时间 2010 年 5 月 3 日；

第三层：施工时间 2010 年 5 月 5 日；

第四层:施工时间2010年5月9日;

第五层:施工时间2010年5月11日;

第六层:施工时间2010年5月15日;

第七层:施工时间2010年5月19日。

6)质量标准、关键技术:根据试验段目的、意义、重点工序、易发问题确定安全、质量控制要点,控制要点应能贯穿试验全过程,并突出关键技术。

以阜六铁路DK126+900～DK127+300段基床底层弱膨胀土路基填筑旋耕机加铧犁机械组合施工工艺试验为例,工艺试验控制要点为:摊铺晾晒阶段主要控制松铺厚度及含水率,拌和阶段主要控制旋耕机翻拌、铧犁旋耕深度以及布灰均匀性和灰剂量,机械碾压阶段主要控制机械碾压方式及碾压遍数。

7)施工方法、工艺流程:根据试验段项目类型,简要叙述施工方法、工艺流程,并形成流程图。

以阜六铁路DK126+900～DK127+300段基床底层弱膨胀土路基填筑旋耕机加铧犁机械组合施工工艺试验为例,施工方法为:旋耕机加铧犁机械组合施工;工艺流程为:施工准备→摊铺晾晒→拌和→整平→机械碾压→路基检测→路基整修→养生。

8)施工中应注意和重点控制的事项:土料、改良土外掺料(石灰)检验次数不足、指标超标;施工机械参数未验证产生偏差;摊铺厚度超标;填料含水率不达标;布灰不均匀;拌和深度不够,出现夹层;旋耕深度不足;未按规定的碾压方式进行碾压。

9)安全、质量、冬(雨)季节、文明施工措施:基床底层填料种类、质量符合设计要求;填筑前取样、土质变化时或更换取土场时重新检验。基床底层压实标准按照压实系数和地基系数双指标控制,施工、监理单位对填筑层压实质量的检验数量和基床底层外形尺寸允许偏差、检验数量及检验方法应符合规定。施工区域应设警示标志,严禁非工作人员进入;施工中,制订合理的作业程序和机械车辆走行路线,设立明显标志;施工中应减少或避免石灰扬尘,应针对石灰的运输、储存、消解、布灰、拌和等各个环节制定相应的环境保护措施,尽量避免石灰与外界的直接接触,消解石灰时,应选择在避风近水的地方,并在其周围进行封闭;与石灰接触的工作人员,应穿戴防护工作服;按环保部门要求集中处理试验及生活中产生的污水及废水。

2　审查

1）审查重点:管理人员配置、劳力组织是否满足要求;施工机械配备是否满足要求;施工安排是否合理;施工方法、工艺、流程是否得当;质量标准、重点控制事项是否明确;安全质量保证体系是否健全;安全、环保、消防和文明施工是否符合有关规定;核实施工技术人员落实情况及相关人员对现场施工环节的熟悉情况等。

2）审查程序

工艺试验专项方案审查流程见图 3.2—1。

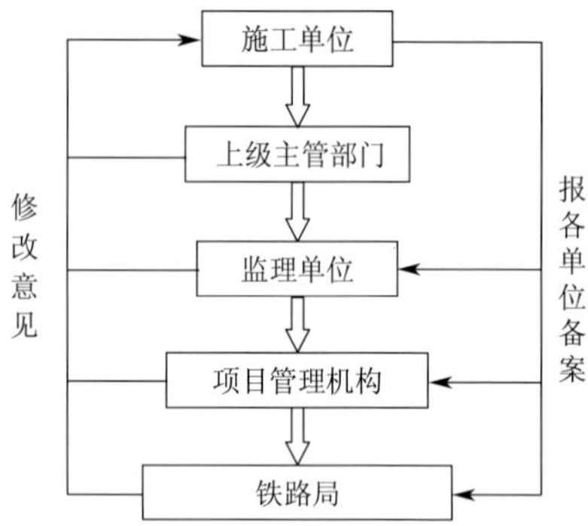

图 3.2—1　专项施工方案审查流程图

施工单位项目部方案编制完成后,经项目部内部审查合格后,填写施工单位施工方案报审表,报施工单位项目部上级主管部门技术负责人审查,施工单位项目部上级主管部门审查后,签署审查意见。施工单位工艺试验专项方案报审表见附表 2。

施工单位项目部根据上级主管部门审查意见修改完善后,填写工艺试验专项方案报审表,报监理单位审核。监理单位总监理工程师组织路基、测量、试验、质量、安全等专业监理工程师召开专题审查会,形成书面审核意见。施工单位根据监理单位审核意见,再次修改完善,经监理单位同意后,上报项目管理机构。

项目管理机构组织设计、施工、监理单位对专项施工方案进行初步审查,形成初步审查意见;必要时,项目管理机构可邀请相关专家参与审查。施工单位根据初步审查意见对实施方案进行修改完善,报项目管理机构。工艺试验专项方案报审表见附表 3。

以阜六铁路 DK126＋900～DK127＋300 段基床底层弱膨胀土路基填筑旋耕机加铧犁机械组合施工工艺试验为例,工艺试验专项方案报审表见图 3.2—2。

阜六铁路
施工方案报审表（TA1）

工程项目名称：阜六铁路　　　　施工合同段：Ⅱ标　　　　编号：

致：四川铁科监理公司（项目监理机构）：

我单位根据施工合同的有关规定已编制完成 DK126+900-DK127+300 路基试验段 工程的施方案，并经我单位技术负责人审查批准，请予以审批。

附件：施工方案

承包单位(章)：
专业工程师：
项目负责人：
日　期：2010年4月1日

专业监理工程师意见

同意

专业监理工程师：单吕华
监理公章：
日　期：2010年4月　日

项目监理机构意见：

同意

项目监理机构(章)：
总监理工程师：
日　期：2010年4月　日

建设单位意见（如需要）：

同意，

建设单位(章)：
专业工程师：
总工程师：
日　期：2010年4月4日

图 3.2—2　阜六铁路弱膨胀土路基填筑工艺试验专项方案报审表

项目管理机构填写试验段实施方案审查申请表,报铁路局。试验段实施方案审查申请表见附表 4。

以阜六铁路 DK126＋900～DK127＋300 段基床底层弱膨胀土路基填筑旋耕机加铧犁机械组合施工工艺试验为例,工艺试验试验段实施方案审查申请表见图 3.2—3。

试验段实话方案审查申请表

工程项目名称	新建阜阳至六安铁路	
试验段性质	弱膨胀土试验段工法施工	
试验段里程及长度	DK126+900～DK127+300　共计 400 米	
所属标段	II 标	
项目管理机构	单位名称	上海铁路局阜阳铁路枢纽工程建设指挥部
	主管人员	苏　杰
	联系电话	
计划开工日期	2010 年 5 月 1 日	
计划完工日期	2010 年 5 月 20 日	
申请方案审查时间	2010 年 4 月 4 日	
我单位已根据《上海铁路局建设工程工艺试验管理暂行办法》的有关规定,完成了该试验段实施方案的初步审查。现申请路局建设管理处对实施方案组织审查。我单位初步审查意见、实施方案、推进计划和工作展开表、专项培训计划详见附件。 项目管理机构(章) 日　期:2010.4.4		

本表一式二份,由项目管理机构填写,建设处、项目管理机构各一份。

图 3.2—3　阜六铁路弱膨胀土路基填筑工艺试验试验段实施方案审查申请表

铁路局宜组织项目管理机构和设计、施工、监理单位等相关单位，并邀请有关专家对上报的专项方案进行审查、批复，形成试验段方案审查批复表。试验段方案审查批复表见附表5。

以阜六铁路DK126＋900～DK127＋300段基床底层弱膨胀土路基填筑旋耕机加铧犁机械组合施工工艺试验为例，工艺试验试验段实施方案审查批复表见图3.2—4。

试验段方案审查批复表

工程项目名称	新建阜阳至六安铁路	
试验段性质	弱膨胀土试验段工法施工	
试验段里程及长度	DK126+900～DK127+300　共计400米	
所属标段	II标	
项目管理机构	单位名称	上海铁路局阜阳铁路枢纽工程建设指挥部
	主管人员	苏　杰
	联系电话	
计划开工日期	2010年5月1日	
计划完工日期	2010年5月20日	
方案审查时间	2010年4月6日	
实施方案审查批复意见：（专家组审查报告另附） 具体意见见专家组审查报告，请阜阳枢纽指挥部组织，按照专家组审查意见进一步优化实施方案，并报路局建设处备案。 建设[illegible]处（章） 日　期：2010年4月6日		

本表一式二份，由建设管理处填写、建设处、项目管理机构各一份。

图3.2—4　阜六铁路弱膨胀土路基填筑工艺试验试验段实施方案审查批复表

3 完善

项目管理机构根据铁路局批复意见完善实施方案，并填写试验段方案修改备案表，报铁路局备案。试验段方案修改备案表见附表 6。

以阜六铁路 DK126＋900～DK127＋300 段基床底层弱膨胀土路基填筑旋耕机加铧犁机械组合施工工艺试验为例，工艺试验试验段方案修改备案表见图 3.2—5。

试验段方案修改备案表

工程项目名称	新建阜阳至六安铁路	
试验性质	弱膨胀土试验段工法施工	
试验里程及长度	DK126+900-DK127+300 共计400米	
所属标段	II标	
项目管理机构	单位名称	上海铁路局阜阳铁路枢纽工程建设指挥部
	主管人员	苏 杰
	联系电话	
计划开工日期	2010年5月1日	
计划完工日期	2010年5月20日	
方案审查时间	2010年4月6日	

针对实施方案审查批复意见修改结果（修改后实施方案和细则详见附件）：

根据上海铁路局2010年4月6日组织的实验方案审查意见，已对施工方案细化修改。（修改后实施方案和细则详见附件）：

项目管理机构（章）

日 期：2010.4.8

本表一式二份，由项目管理机构填写，建设处、项目管理机构各一份。

图 3.2—5 阜六铁路弱膨胀土路基填筑工艺试验试验段方案修改备案表

3.2.2　工艺试验专项监理实施细则

1　编制

1)监理单位监理站根据已批准的监理规划、相关的标准、设计文件、技术资料和施工组织设计,编制工艺试验专项监理实施细则,由总监理工程师组织,路基、测量、试验专业监理工程师负责编写。

2)专项监理实施细则主要包括以下内容:

①编制依据:经批准的监理规划,施工图及设计技术交底,现行验标、规程、技术标准,经批准的施工组织设计等。

②工程概况、设计要求、专业工程特点。

③监理人员配置。

④监理工作范围及重点:施工准备重点检查人员配置、机械设备选型、材料质量控制等。施工过程重点检查施工过程与方案的吻合性;每道工序的实施情况,检测数据小结分析,相应的记录;施工过程的总结、优化,实时纠偏。

⑤监理工作流程。

⑥监理工作控制目标、监控手段、检测方法。

目标:根据批准的专项施工方案核实实施,在其实施过程中不断优化,确保经济合理、质量最优的前提下在全线推广应用。

监控手段:采取巡视、旁站、抽检等三种方式进行监督控制。

检测方法:根据《铁路路基工程施工质量验收标准》规定,采用灌砂法进行每层的压实度检测,并在每填高 0.9 m 后增加地基系数 K_{30} 平板荷载仪进行双控。

2　审查

1)审查程序

专项监理实施细则审查流程见图 3.2—6。

专项监理实施细则编制完成后,经内部审查合格,填写专项监理实施细则报审表,报监理单位上级主管部门技术负责

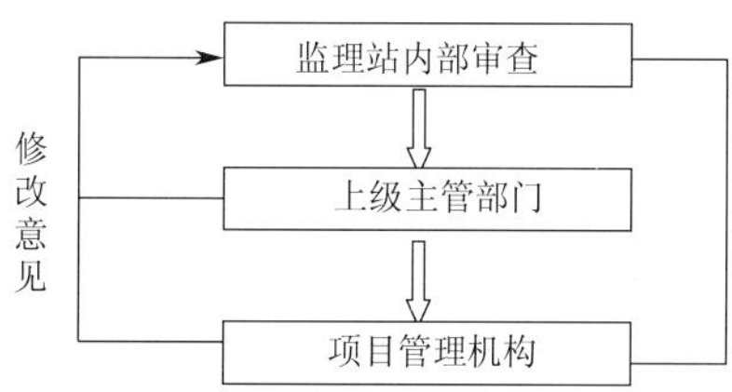

图 3.2—6　专项施工方案审查流程图

人审查后，签署审查意见。监理单位根据上级主管部门审查意见修改完善后，上报项目管理机构审查。

鉴于工艺试验重要性，专项监理实施细则宜由项目管理机构组织进行审查。监理单位根据审批意见对专项监理实施细则再次进行修改完善，报项目管理机构备案。

专项监理实施细则报审表见附表7。

2)完善

施工过程中，最佳松铺厚度、填料含水率、灰剂量、碾压方式和机械使用顺序等发生变化后，监理单位应根据实际情况，及时补充、修订专项监理实施细则。

3.3 资源配备

3.3.1 人员

施工单位应配置专业化的施工队伍，宜成立专门的架子队负责工艺试验施工，架子队组织形式按照职能矩阵组织形式，符合铁道部的有关要求，并具有同类施工的管理经验。施工单位人员经培训合格，报监理单位审查同意后方可进场。主要进场人员报审表见附表8。

以阜六铁路DK126＋900～DK127＋300段基床底层弱膨胀土路基填筑旋耕机加铧犁机械组合施工工艺试验为例，施工、监理单位现场管理、技术人员配备按以下条件执行：

(1)施工单位：项目部(分)专职管理人员，路基、试验、测量、质量专业工程师，架子队队长、技术负责人、质量员、试验员、材料员、领工员、工班长等。

(2)监理单位：分管副总监理工程师，路基、试验、测量专业监理工程师，现场监理员等。

(3)以600 m长的试验段规模为基准，人员配备数量可参考表3.3—1执行。试验段规模发生出入时，架子队领工员、工班长和劳务作业人员可适当增减。

表 3.3—1 弱膨胀土路基填筑路拌法施工工艺试验人员配备表

单位/部门	专业人员	数量(位)	单位/部门	专业人员	数量(位)
项目部(分)	专职管理人员	1	架子队	队长	1
	路基专业工程师	1		技术员	1
	试验专业工程师	1		质量员	1
	测量专业工程师	1		试验员	1
	质量工程师	1		领工员	2
监理站	分管副总监理工程师	1		工班长	领工员兼
	路基专业监理工程师	1		劳务人员	20
	试验专业监理工程师	1			
	测量专业监理工程师	1			
	现场监理员	1			

3.3.2 机械设备

机械设备应根据现场施工条件,机械设备投入要求,旋耕、翻拌深度,施工周期等条件比较后选取。施工前,施工单位应递交机械报审表,附机械设备的合格证、检测报告、机械操作证等相关资料,报监理单位批准。施工机械进场后,施工、监理单位应共同对施工机械参数进行验证,核对施工机械理论参数和实际参数的差值,以便施工过程中及时纠偏。进场施工机械、设备报验单见附表 9。

以阜六铁路 DK126+900~DK127+300 段基床底层弱膨胀土路基填筑施工工艺试验为例,该工艺试验采用了"旋耕机+铧犁"机械组合方式。

(1)主要施工机械为:旋耕机、铧犁、挖机、装载机、推土机、平地机、压路机、自卸汽车等。

(2)施工机械选型

根据路基工程的相关规定,每一填层的松铺厚度不宜超过 40 cm,压实厚度不宜超过 30 cm,因本施工方法采取两次布灰、拌和、铧犁旋耕的施工方法。故为最大发挥施工机械效率,减少填筑层数,选用最大犁深 45 cm 的 1L—420 悬挂式铧,且经现场验证,1L—420 悬挂式铧犁的实际旋耕深度不超过 42 cm。

根据路基工程的相关规定，每一填层的松铺厚度范围宜为 18～40 cm，两次拌和填料复拌厚度宜为 5 cm；根据现场机械参数确认，选用最大旋耕深度 25 cm 的 IJQ 奔—2003 型的旋耕机实际有效旋耕深度为 19～21 cm 可满足工艺试验施工需要。

(3)以 600 m 长的试验段规模为基准，需要的主要机械设备和主要检测设备种类、机械参数及数量见表 3.3—2、表 3.3—3。

表 3.3—2　弱膨胀土路基填筑路拌法施工工艺试验施工机械组合配备表

序号	机械名称	型号规格	机械参数	数量
1	挖掘机	PC200		2 台
2	装载机	ZL50		1 台
3	推土机	SD22		1 台
4	振动压路机	YZ20	不宜小于 20 t	1 台
5	三轮压路机	YZ24	不宜小于 24 t	1 台
6	平地机	PY165		1 台
7	旋耕机	IJQ 奔-2003	有效翻拌深度为 19～21 cm	1 台
8	铧犁	1L-420 悬挂式	最大犁深 45 cm	1 套
9	中型自卸汽车	12 t	12 t 为最佳	4 台
10	洒水车	140 型		1 台

表 3.3—3　弱膨胀土路基填筑路拌法施工工艺试验主要检测设备配备表

序号	设备名称	设备参数	数量
1	分析天平	0.000 1 g/200 g	1 台
2	电子天平	0.01 g/300 g	1 台
3	光电式液塑限联合测定仪	FG—Ⅲ	1 台
4	数控电动击实仪	NKG—3	1 台
5	电动脱模器	LCT—150	1 台
6	自由膨胀率测定仪	WX—2000	1 台
7	电热鼓风干燥箱	101—2/250℃	1 台

续上表

序号	设备名称	设备参数	数量
8	电炉	1 500 W	2台
9	滴定台	/	2套
10	平板荷载仪	K—30	2套

3.3.3 材料

原材料应符合设计和验收标准要求。填筑前应对需改良的土料种类进行核实，对取土场填料进行取样检验，当填料土质发生变化或更换取土场时应重新进行检验。土料硫酸盐含量小于0.8%，有机质含量小于5%。进场材料设备报验单见附表10。

以阜六铁路DK126＋900～DK127＋300段基床底层弱膨胀土路基填筑旋耕机加铧犁机械组合施工工艺试验为例，对素土的自由膨胀率等指标试验合格后方可使用。阜六铁路弱膨胀土路基填筑工艺试验土工试验报告见图3.3—1。

改良土外掺料应满足以下要求：石灰应选用消解石灰或钙质生石灰，其指标符合验标或试验规程要求，严禁Ⅰ级以下石灰进场；使用前，过10 mm筛；石灰宜遵循先消解先使用的原则，使用前应充分消解，消解时间不小于7天；为确保石灰完全消解，石灰浆在淋灰坑内储存时，应至少有14天以上的陈伏期，以免因石灰中未消解的颗粒混入填料中，形成“鼓包”；块灰的储存期不得超过1个月，宜随到随淋灰，以便尽快将块灰的储存期变为陈伏期；生石灰(包括块灰、生石灰粉)应注意防潮，必须在干燥环境中储存。散装块灰在室外储存时，应下垫上覆，注意防雨、防潮。石灰消解作业场地和过筛设施合理布置，场地布置要在尽可能减少扬尘污染的情况下方便施工作业。

以阜六铁路DK126＋900～DK127＋300段基床底层弱膨胀土路基填筑旋耕机加铧犁机械组合施工工艺试验为例，工艺试验石灰试验记录见图3.3—2，阜六铁路弱膨胀土路基填筑工艺试验石灰试验报告见图3.3—3。

施工用水水质应符合工程用水标准。生石灰闷料宜采用普通地表淡水或地下淡水。

CMA
2009140499N

土工试验报告（二）

委托单位	中铁二十四局集团阜六铁路Ⅱ标项目部二分部	报告编号	FL-Ⅱ-2-TG-100428-1
工程名称	阜六铁路Ⅱ标工程路基工程	委托编号	FL-Ⅱ-2-TG-100426-1
取样地点	DK127+100距线路直线距离约200米	样品编号	FL-Ⅱ-2-TG-100426-1
取样深度	/	报告日期	2010.04.28

记录编号	试验项目		试验结果	记录编号	试验项目		试验结果
/	天然状态土的物理性指标	含水率ω(%)	/	/	小于某粒径试样质量占试样总质量百分数(%)	<60mm	/
		密度ρ(g/cm³)	/			<40mm	/
		孔隙比e	/			<20mm	/
		饱和度S_r(%)	/			<10mm	/
		干密度ρ_d(g/cm³)	/			<5mm	/
		烧灼失量(%)	/			<2mm	/
/	颗粒密度ρ_s(g/cm³)		/			<1mm	/
/	界限含水率试验	液限w_L(%)	/			<0.5mm	/
		塑限w_P(%)	/			<0.25mm	/
		塑性指数I_P	/			<0.075mm	/
		液性指数I_L	/			<0.05mm	/
		土的定名	/			<0.01mm	/
/	相对密度试验	最大孔隙比e_{max}	/			<0.005mm	/
		最小孔隙比e_{min}	/			<0.002mm	/
		最大干密度ρ_{dmax}(g/cm³)	/			土的定名	/
		最小干密度ρ_{dmin}(g/cm³)	/			不均匀系数C_u	/
		相对密度D_r	/			曲率系数C_c	/
		密度指数I_E	/				
5%灰土	击实试验	最大干密度ρ_{dmag}/cm³)	1.69	/	其他	素土自由膨胀率(%)	32.0
		最优含水率ω_{opt}(%)	16.8				

检测评定依据：	试验意见：
《铁路工程土工试验规程》 TB10102-2004 《铁路路基设计规范》 TB10001-2005	石灰掺量根据设计要求选择，石灰以及细粒土发生变化时需重新做改良土试验。 监理见证试验 结论：合格 见证人 代克华 日期：2010.4.28

试验 司伟　复核 [signature]　批准 [signature]　单位（章）

中铁二十四局集团阜六铁路Ⅱ标项目部中心试验室 试验专用章

（a）

图 3.3—1

CMA
2009001893N

土工试验报告（二）

检测单位	四川铁科建设监理有限公司阜六铁路监理站	报告编号	FLTL-JL-II-2-TG-100428-1
工程名称	阜六铁路II标工程路基工程	试验编号	FLTL-JL-TG-100426-1
取样地点	DK127+100距线路直线距离约200米	样品编号	FLTL-JL-TG-100426-1
取样深度		报告日期	2010.04.28

记录编号	试验项目		试验结果	记录编号	试验项目		试验结果
	天然状态土的物理性指标	含水率ω（%）	—		小于某粒径试样质量占试样总质量百分数	<60mm	—
		密度ρ（g/cm^3）	—			<40mm	—
		孔隙比e	—			<20mm	—
		饱和度S_r（%）	—			<10mm	—
		干密度ρ_d（g/cm^3）	—			<5mm	—
		烧灼失量（%）	—			<2mm	—
	颗粒密度ρ_s（g/cm^3）		—			<1mm	—
	界限含水率试验	液限w_L（%）				<0.5mm	—
		塑限w_p（%）				<0.25mm	—
		塑性指数I_p				<0.075mm	—
		液性指数I_L	—			<0.05mm	—
		土的定名				<0.01mm	—
	相对密度试验	最大孔隙比e_{max}	—			<0.005mm	—
		最小孔隙比e_{min}	—			<0.002mm	—
		最大干密度ρ_{dmax}（g/cm^3）	—			土的定名	—
		最小干密度ρ_{dmin}（g/cm^3）	—			不均匀系数C_u	—
		相对密度D_r	—			曲率系数C_c	—
		密度指数I_D	—		其他	素土自由膨胀率（%）	32.0
	击实试验	最大干密度ρ_{dmax}（g/cm^3）	1.69				
		最优含水率ω_{opt}（%）	16.7				

检测评定依据：
《铁路工程土工试验规范》TB10102-2004
《铁路路基设计规范》TB10001-2005

试验意见：
石灰掺量根据设计要求选择，石灰以及细粒土发生时需重新做改良土试验。

试验 阎文　复核 代克华　批准 刘勇　单位（章）

（b）

图 3.3—1　阜六铁路弱膨胀土路基填筑工艺试验土工试验报告

石 灰 试 验 记 录

表　　号：铁建试录0186
批准文号：铁建设（2009）027号

样品编号 FLJL-Ⅱ-TG-100424-1　出厂等级 /　记录编号 FLJL-Ⅱ-TG-100424-1

产地厂名 凤阳武店　取样地点 现场　代表数量 300t

试验编号 FLJL-Ⅱ-TG-100424-1　委托日期 2010.04.24　试验日期 2010.04.24

仪器设备及环境条件	名称	型号	编号	示值范围	分辨力	温度（℃）	相对湿度（%）
	分析天平	JF2004	1094011	0-200g	0.0001g	25	66

样品状态描述	符合要求	采用标准	JTJ057-94

（1）生石灰或消石灰细度

试样质量m(g)	0.900mm方空筛筛余物质量m1(g)	0.125mm方空筛筛余物质量m2(g)	筛余百分量（%）	
			0.9mm筛	0.125mm筛
/	/	/	/	/

（2）生石灰产浆量

试样质量m(g)	浆体高度H(m)	浆筒半径R(m)	产浆量(L/kg)
/	/	/	/

（3）未消化残渣含量

试样质量m(g)	大于5cm圆孔筛质量	未消化残渣百分量（%）
/	/	/

（4）消石灰粉游离水

试样质量m(g)	烘干后质量m1(g)	游离水百分含量（%）
/	/	/

（5）消石灰粉体积安定性

烘干前饼块情况	烘干后饼块情况	结果
/	/	/

（6）CaO含量

试样质量m(g)	盐酸标准溶液浓度（N）	消耗盐酸标准溶液体积（ml）	CaO含量（%）
0.4934	0.473	29.8	79.99

（7）MgO含量

试样质量m(g)	EDTA二钠标准溶液对MgO的滴定度	滴定度消耗EDTA二钠体积(ml)		MgO含量（%）
		CaO+MgO消耗V1(ml)	CaO消耗V2(ml)	
0.4856	0.86	32.1	31.2	1.59

附注：

试验 陶文　计算 陶文　复核 代克华

图 3.3—2　阜六铁路弱膨胀土路基填筑工艺试验石灰试验记录

2009140499N

石灰试验报告

委托单位	中铁二十四局集团阜六铁路Ⅱ标项目部二分部	出厂等级	/	报告编号	FL-Ⅱ-2-TG-100425-1
工程名称	阜六铁路Ⅱ标工程路基工程	产地厂名	凤阳武店	委托编号	FL-Ⅱ-2-TG-100424-1
施工部位	DK126+900～DK127+300	取样地点	现场	记录编号	FL-Ⅱ-2-TG-100424-1
产品名称	生石灰	代表数量	300t	报告日期	2010.04.25

试验项目		标准规定值			试验结果
		Ⅰ级	Ⅱ级	Ⅲ级	
细度	0.900mm筛筛余百分含量X_1 （%）	/	/	/	/
	0.125mm筛筛余百分含量X_2 （%）	/	/	/	/
生石灰产浆量X_3 （L/kg）		/	/	/	/
未消化残渣百分含量X_4 （%）		/	/	/	/
消石灰粉游离水百分含量X_5 （%）		/	/	/	/
消石灰粉体积安定性		/	/	/	/
CaO+MgO 含量 （%）		≥85	≥80	≥70	82.9
CO_2 含量 （%）		/	/	/	/

检测评定依据：

《公路工程无机结合料稳定材料试验规程》JTJ057-94

试验意见：

该石灰样品所检项目符合为Ⅱ级钙质生石灰要求。

监理见证试验 结论：合格 见证人 日期 2010.4.25

试验 复核 批准 单位（章）

试验专用章

（a）

图 3.3—3

2009001803N

石灰试验报告

委托单位	四川铁科建设监理有限公司阜六铁路监理站	出厂等级	/	报告编号	FLTL-JL-II-2-TG-100425-1
工程名称	阜六铁路II标工程路基工程	产地厂名	凤阳武店	试验编号	FLTL-JL-TG-100424-1
施工部位	DK126+900-DK127+300	取样地点	现场	记录编号	FLTL-JL-TG-100424-1
产品名称	生石灰	代表数量	300t	报告日期	2010.04.25

试验项目		标准规定值			试验结果
		I级	II级	III级	
细度	0.900mm筛筛余X1(%)	/	/	/	/
	0.125mm筛筛余X2(%)	/	/	/	/
生石灰产浆量X3(L/kg)		/	/	/	/
未消化残渣百分含量X4(%)		/	/	/	/
消石灰粉游离水百分含量X5(%)		/	/	/	/
消石灰粉体积安定性		/	/	/	/
CaO+MgO 含量(%)		≥85	≥80	≥70	81.6
CO2含量(%)		/	/	/	/

检测评定依据:	试验意见:
《公路工程无机结合料稳定材料试验规程》JTJ057-94	该石灰样品所检项目符合II级钙质生石灰要求。

试验 陶文　复核 代克华　批准 刘勇　单位(章)

(b)

图 3.3—3　阜六铁路弱膨胀土路基填筑工艺试验石灰试验报告

土料、改良土外掺料(石灰)的试验项目和频次除设计有特殊规定外,应符合表3.3—4的要求。监理单位对每个土源的土样取样、室内标准试验应全过程100%见证试验,且进行10%平行检验。

表3.3—4 土料、改良土外掺料(石灰)的试验项目、标准和频次

材料名称	检验项目	检验频次	试验方法
土	含水率	每5 000～1 000 m^3 检测一次	按现行《铁路工程土工试验规程》(TB10102)执行
	液限、塑限		
	有机质和硫酸盐含量		
石灰	有效钙、氧化镁	同产地、厂家、品种且连续进场的每4 000 t检测一次	

以阜六铁路DK126+900～DK127+300段基床底层弱膨胀土路基填筑旋耕机加铧犁机械组合施工工艺试验为例,原材料主要包含土料、改良土外掺料(石灰)、水等。以600 m长、基床底层顶面宽4.9 m、填高1.9 m、填筑时单侧超宽0.5 m、坡比1∶1.5的试验段规模为基准,需要的主要材料数量见表3.3—5。

表3.3—5 阜六铁路弱膨胀土路基填筑工艺试验主要原材料数量表

序号	材料名称	材料类别(等级)	材料数量	备注
1	弱膨胀土	C组类	14 566 m^3	
2	石　灰	Ⅰ级	1 303 t	

3.4 作业指导书

3.4.1 编制

作业指导书应按照标准化管理理念,将先进成熟的工艺工法、科学合理的生产组织与建设标准、质量目标、安全要求以及现场施工条件结合起来进行编制,做到图文并茂,简明易懂,可操作性强。编制作业指导书前,施工单位应对施工现场进行调查核对,掌握技术规范、验收标准和安全、环保、水保等相关规定,根据国家和铁道部颁布的设计规范、施工指南和验收标准,经审核合格的施工图设计文件,现有施工装备,工艺工法，环境作业条件和试验段实际情况进行编制。

作业指导书由施工单位技术负责人组织专业管理技术人员进行编制。其主要内容包括：

1）适用范围：明确施工作业指导书适用的工程类别、地质、环境等作业条件。

2）作业准备：说明作业开始应具备的条件和应完成的工作，包括工艺试验专项方案，组织机构，工作制度，人员、主要机械设备、材料，施工图复核，下承层验收等各项内容。

以阜六铁路DK126＋900～DK127＋300段基床底层弱膨胀土路基填筑旋耕机加铧犁机械组合施工工艺试验为例，作业准备主要包括：

（1）建立工艺试验的组织机构和安全、质量、环保保证体系，明确安全、质量、环保保证措施，建立健全工作制度；

（2）完成施工图复核和现场核对；

（3）工艺试验专项方案和专项监理实施细则编制完成，经批准；

（4）已建立了专业化施工队伍，特种作业与特殊岗位人员持证上岗，人员经培训合格，并报审。

（5）主要机械设备已报检合格，机械参数经验证；

（6）土源已选取，经核查合格；原材料经检验合格，已通过标准试验确定EDTA滴定标准曲线。

（7）下承层验收合格，压实系数、地基系数符合设计要求；基床以下路堤顶面高程允许偏差、中线至边缘距离、宽度、横坡允许偏差、平整度允许偏差符合要求。

3）技术要求：明确工程类别和项目应达到的技术指标、相应的技术标准。

以阜六铁路DK126＋900～DK127＋300段基床底层弱膨胀土路基填筑旋耕机加铧犁机械组合施工工艺试验为例，地基系数K_{30}（MPa/cm）≥1.0，压实系数K_h≥0.93；中线高程允许偏差±20 mm，路肩高程允许偏差±20 mm，路堤中线至路肩边缘距离不小于设计值，宽度不小于设计值，横坡允许偏差±0.5％。

4）施工程序与工艺流程：按照填土区段、平整区段、碾压区段、检测区段划分施工区段，按施工准备→摊铺晾晒→拌和→整平→机械碾压→路基检测→路基整修→养生的工艺流程施工。

5)施工要求:分解说明作业方法、采取的相关措施,需要控制的内容和参数。

以阜六铁路 DK126+900~DK127+300 段基床底层弱膨胀土路基填筑施工工艺试验为例,施工方法采用旋耕机加铧犁机械组合;施工、监理单位为了严格控制拌灰均匀性、基床底层压实系数和地基系数,在验标要求的基础上加大测点布置,加大检测频次;重点控制填土松铺厚度,第一次布灰每平方米的实际石灰用量,第二次布灰每平方米的实际石灰用量,旋耕机翻拌深度、遍数,铧犁旋耕深度,碾压方式等。

6)劳动组织:劳动力组织方式,完成施工项目需要的人员构成、数量、使用安排和作业指标符合本指南第 3.3 节相关规定。

7)材料要求:完成施工项目的材料种类、型号、数量和使用计划、相关技术要求符合本指南第 3.3 节相关规定。

8)设备机组配置:施工项目需要的设备、机具的型号、性能和数量符合本指南第 3.3 节相关规定。

9)质量控制及检验:明确施工项目的质量标准、控制要点、检查方法、验收程序及指标。

以阜六铁路 DK126+900~DK127+300 段基床底层弱膨胀土路基填筑旋耕机加铧犁机械组合施工工艺试验为例,质量控制及检验主要内容如下:

(1)原材料:按验标规定的频次进行检验,符合设计和《铁路路基工程施工质量验收标准》、《铁路工程土工试验规程》要求。

(2)摊铺晾晒:划分布料网络上土,松铺厚度控制在 35±2 cm;松铺后,横向排水坡不小于 2%,横坡允许偏差±0.5%;施工单位每 100 m检测 3 处松铺厚度、横坡,监理单位 100%见证。填料含水率在施工允许含水率范围内,允许偏差不得超过最优含水率的±2%;施工单位每 100 m 至少抽检 1 处现场填料含水率;监理单位 100%见证检测过程,每 100 m 至少抽检 1 处现场填料含水率。

(3)拌和:布灰时,所有施工断面均匀一致,不得出现局部多灰或少灰现象,石灰含量允许偏差为设计值-0.5%~+1.0%;每一遍拌和后，目测改良土应整体颜色一致，无灰条、灰团、花面等“白斑病”后用 EDTA 滴定法测定含灰率；每次 20 m 一个断面，每个断面 3 点（在中桩和左、右侧各距路肩 1 m 位置处）检测含灰量。拌和时，实际拌和厚度为 19～21 cm，拌和遍数不宜少于 3 遍；施工单位用量尺随时量测拌和深度及翻拌深度，每隔 5～10 m 挖验一处，监理单位见证检测，并每 50 m 抽检一处；每 20 m 一个断面，每个断面 3 点用 EDTA 滴定法测定含灰率。铧犁旋耕深度不宜大于 40 cm，施工单位每隔 5～10 m 挖验一处，监理单位旁站监督旋耕全过程，并抽检旋耕深度。

(4)整平：按规定的坡度和路拱进行，特别注意接缝处的整平，以保证接缝平顺；注意横纵坡的设置；及时消除坑洼现象。

(5)机械碾压：混合料一经拌和，宜在 48 h 内完成后续碾压工作，采用先静压、后弱振、再强振、最后静压收光的方式，自两侧向中间纵向碾压，压实遍数不得小于 6 遍，行驶速度不宜超过 4 km/h，压实交叠范围符合验标要求；压实后，压实系数 $K_h \geq 0.93$，地基系数 K_{30} (MPa/cm)≥1.0。施工单位自第四遍开始，每碾压一遍测定压实度，每 100 m 等间距检查 2 个断面 6 个点，每断面左、中、右各 1 点，左、右点距路基边缘 1 m 处；监理单位见证检测全过程，10％平行检测；每隔 90 cm 一次且末层必须做地基系数试验。

(6)路基检测：每层填筑完成后，需进行压实系数 K_h 检测；每三层填筑完成后，需进行压实系数 K_h 和地基系数 K_{30} 双控检测。基床底层外形尺寸允许偏差、检验数量及检验方法和无侧限抗压强度应符合设计和验标要求。

(7)路基整修和养生：每层路基检测完成后及时对压实系数 K_h、地基系数 K_{30} 和基床底层外形尺寸存在缺陷处所进行整治。改良土表面保湿养生不少于 7 天，填筑好的路基严禁曝晒并在下层填筑完成 24 h 内填筑上层，并控制好交通，除洒水车外其他车辆不得通过。

10)安全及环保要求：对危险源进行识别并按照级别进行分级管理，明确施工项目安全方面的注意事项和卡控措施；按照文明施工要求，对施工现场和作业环节进行分析，提出控制要点，制定具体的环境保护措施和要求。

以阜六铁路 DK126＋900～DK127＋300 段基床底层弱膨胀土路

基填筑施工工艺试验为例，安全及环保要求主要内容如下。

(1)安全措施

作业人员定期进行安全考试；机械操作人员和机动车辆驾驶人员经专业培训、考试合格，并取得相应的上岗作业证书方能上岗作业。

各种机具设备和劳动保护用品定期进行检查、检验，不合格的机具设备和劳动保护用品严禁使用。

有危险作业的处所设立安全标志，危险地区必须悬挂“危险”或者“禁止通行”、“严禁烟火”等标志，夜间设红灯示警。

施工机械制定操作规程，定期保养，指定运行线路；临时便道和正式公路交界处设置安全标志。

(2)环保措施

施工时，为避免石灰扬尘污染环境，第二次拌和应及时进行碾压；如无法及时碾压，应采取覆盖措施。

3.4.2　审查

作业指导书编制完成后，施工单位应报监理单位审查，并根据监理单位的审查意见进行修改、完善后，报项目管理机构。项目管理机构应根据项目情况及质量验收标准，组织监理、设计等对施工单位编制的作业指导书进行审核，确认。作业指导书报审表见附表 11。

作业指导书不得与验标、补充验收标准、暂行技术条件和施工指南发生矛盾。作业指导书经审查后，施工单位应及时发布，针对不同人员及需要将作业项目内容及资料进行摘要，并下发至现场管理人员及相关作业人员，在实施中要积极组织现场作业交底和人员培训，确保施工现场负责人、技术人员及主要作业人员全面掌握作业指导书内容和要求。

施工过程中，最佳松铺厚度、填料含水率、灰剂量、碾压方式、机械使用顺序等发生变化后，施工单位应及时修订，重新报审、下发至现场管理人员及相关作业人员，重新组织现场作业交底和人员培训。

3.5　技术交底

3.5.1　设计技术交底

工艺试验实施前，应由项目管理机构组织设计、监理、施工单位相关人员进行设计技术交底。设计技术交底前,项目管理机构应提前将施工图交付施工、监理单位;设计单位认真做好交底准备工作;施工、监理单位在现场核对的基础上,提出需要明确的问题和建议,保证交底质量。设计单位针对施工图,就设计主导思想、内容和施工注意事项向施工、监理等单位进行说明,如试验数量、原材料、施工工艺及参数、试验方法及频次、试验成果等方面的要求进行说明,解答施工、监理等单位提出的有关问题。设计技术交底的主要内容包括:

1)设计说明。主要介绍设计依据、设计原则、设计文件组成及内容、设计范围及内容(包括起止里程、设计相关数据等)、工程条件(地质、水文等自然条件)、主要技术规范与质量标准(包括工艺参数范围、试验检测、原材料要求等)、技术安全措施。

2)施工方法和施工注意事项。主要介绍关键工序的施工技术要求、检测要求和施工注意事项,采取的施工安全措施。

设计技术交底结束后,应形成交底纪要,并及时分发给各参加单位并存档。纪要主要内容包括:技术交底主持人、技术交底人员、设计技术交底内容,施工、监理单位参加人员,对建设、施工、监理等单位所提问题的答复及存在问题的处理意见,待定问题解决时间等。

3.5.2 施工技术交底

施工单位项目技术负责人及技术主管人员应根据批准的专项方案,采取集中说明和现场交底相结合的方式,有针对性地进行交底。交底要细致全面,讲求实效,不能流于形式,要交到基层施工班组和作业人员,使施工人员明确和掌握施工工艺、质量标准、安全技术措施要求,明确工程材料、工艺、质量、安全、环保、进度要求和所采用的施工规范、验收标准等。

施工技术交底应依据设计文件和设计技术交底纪要,按项目总工程师→技术主管→作业队技术负责人→班组长及全体作业人员程序进行交底。交底后,形成施工技术交底纪要,附必要的图表;参加施工技术交底人员签字确认,加盖项目部技术部门公章后生效,并纳入工程档案;施工技术交底记录表见附表12。

1)项目总工程师对项目部各部室及技术人员的技术交底,主要包括:工程概况(试验段地点、数量)、设计图纸、实施性施工组织设计、施工顺序及主要节点进度计划安排；施工现场调查情况（水文、地质情况）；主要施工技术方案、工艺方法；工程的重难点；主要工程材料设备、主要施工装备、劳动力安排；工程技术和质量标准，重大技术安全环保措施；施工中应注意的问题等。

2）技术主管人员对作业队技术负责人进行技术交底，主要内容包括：施工组织安排、作业指导书、分项工程交底；作业场所、作业方法、操作规程及施工技术要求；工程质量、安全环保等施工方面的具体措施及标准；有关试验参数及配合比；测量放样桩橛、测量控制网、监控量测等；成品保护方法及措施；施工注意事项等。

3）作业队技术负责人向班组长及全体作业人员的技术交底，主要内容包括：作业标准、施工规范及验收标准，工程质量要求；施工工艺流程及施工先后顺序；施工工艺细则、操作要点及质量标准；质量问题预防及注意事项；施工技术措施和安全技术交底；出现紧急情况下的应急救援措施等。

以阜六铁路 DK126＋900～DK127＋300 段基床底层弱膨胀土路基填筑旋耕机加铧犁机械组合施工工艺试验为例，项目总工程师对项目部各部室及技术人员的技术交底主要内容如下。

（1）工程概况

阜六铁路基床底层弱膨胀土路基填筑施工工艺试验段为DK126＋900～DK127＋300。路基本体设计为弱膨胀土，普通填料，填筑高度为3.1 m，平均宽度为 18 m，路基基床底层填土高度设计为 1.9 m，本试验段设计为石灰改良土，灰剂量为 5%。

（2）目的、意义

通过每一填层的试验总结，优化机械组合，获取最佳松铺厚度、碾压方式和机械使用顺序；获取旋耕机加铧犁机械组合的施工周期，并通过与灰土拌和机施工周期相比较，得出旋耕机加铧犁机械组合施工的工期效益；获取旋耕机加铧犁机械组合的施工成本，并通过与灰土拌和机施工的施工成本相比较，得出旋耕机加铧犁机械组合施工的经济效益；通过与厂拌法施工的工期、经济、社会效益等方面进行比较，得出旋耕机加铧犁机械组合施工的利弊。

（3）施工顺序及主要节点进度计划安排

计划实施时间:2010 年 5 月 1 日至 2010 年 5 月 20 日。计划实施步骤:按施工工艺分七层填筑。第一层:施工时间 2010 年 5 月 1 日;第二层:施工时间 2010 年 5 月 3 日;第三层:施工时间 2010 年 5 月 5 日;第四层:施工时间 2010 年 5 月 9 日;第五层:施工时间 2010 年 5 月 11 日;第六层:施工时间 2010 年 5 月 15 日;第七层:施工时间 2010 年 5 月 19 日。

(4)工艺方法

采用旋耕机加铧犁机械组合方式施工。按照填土区段、平整区段、碾压区段、检测区段划分施工区段,按施工准备→摊铺晾晒→拌和→整平→机械碾压→路基检测→路基整修→养生的工艺流程施工。

(5)控制重点

施工准备阶段:施工方案是否具有针对性,是否按规定报批;所选检测土源是否具有代表性,土料、改良土外掺料(石灰)检验次数是否满足要求、指标是否超标;人员数量是否满足施工需要,或人员、劳务队伍资质是否满足要求;施工机械配备是否齐全,机械参数是否经验证并符合要求;下承层验收是否合格。

摊铺晾晒阶段:摊铺厚度超标;填料含水率;填层表面平整度;横坡是否满足设计要求。

布灰、拌和阶段:布灰量,布灰均匀性;拌和均匀性,拌和深度,是否出现夹层;铧犁旋耕深度,是否出现夹层。

整平阶段:填层表面平整度,横坡是否满足设计要求。

碾压阶段:压实度,压实范围,压实路基表面平整度是否符合要求。

检测阶段:检测频次,记录是否真实。

(6)主要工程材料设备、主要施工装备、劳动力安排

①人员

项目部、分部成立专门的现场推进组,项目部(分)设专职管理人员 1 名,路基、试验、测量、质量工程师专业工程师各 1 名。

②材料

土源拟用 DK127+100 位置,距线路直线距离约为 200 m 的取土场。取土场土源经检测为弱膨胀土。原材料按验标规定的频次进行检验,符合设计和《铁路路基工程施工质量验收标准》、《铁路工程土工试

验规程》要求。

③机械设备

拟投入主要施工机械为旋耕机、铧犁、挖机、装载机、推土机、平地机、压路机、自卸汽车等。拟投入主要检测设备为分析天平、电子天平、光电式液塑限联合测定仪、数控电动击实仪、电动脱模器、自由膨胀率测定仪、电热鼓风干燥箱、电炉、滴定台、平板荷载仪等。

(7)施工流程和质量标准

①划分布料网络:运输车辆的运输能力确定布料网格大小,每网格卸土的数量。

②摊铺晾晒:最佳松铺厚度及在后续实际试验中根据实测参数进行优化、调整。施工、监理单位人员对含水量的测定、最佳含水量控制范围和控制措施。

③拌和:第一次布灰的方量,布灰的基本要求;第一次拌和的深度,拌和遍数,土的粒径和含灰率的测定;铧犁深度,交错层厚度;第二次布灰在第一次布灰翻拌检查合格后,将下层素土翻至表层,根据本层上土厚度计算确定的布灰总量和第一次布灰量计算第二次石灰用量;第二次拌和的深度,拌和遍数,复拌层厚度,土的粒径和含灰率的测定。

④整平:整平方式,平整度的基本要求。

⑤碾压:压实遍数,行走速度,机械行走线路,压实交叠范围,机械碾压方式。

⑥检测:检测点分布,检测频次,检测方式。

⑦养生:养生方式,基本要求。

(8)重大技术安全环保措施

施工时,为避免石灰扬尘污染环境,第二次拌和应及时进行碾压;如无法及时碾压,应采取覆盖措施。

(9)施工中应注意的问题

①施工时,宜集中力量连续快速施工,分段完成。应尽量避免雨季施工,当有困难不能避免时,需保证排水畅通,不出现积水浸泡工作面场地的现象。

②对膨胀土路堤的边坡部分应加强施工控制和检验，压实检测应单独进行，抽验点数可按《铁路路基工程施工质量验收标准》适当增加。

施工单位三级技术交底记录表见图 3.5—1～图 3.5—3。

3.5.3 监理交底

监理单位总监理工程师应依据设计文件和设计技术交底纪要组织路基、测量、试验、安全专业监理工程师编制监理技术交底书。施工前，监理单位总监理工程师应组织参与工艺试验的监理人员集中学习监理技术交底书，对重要事项进行专题布置。监理单位应按“总监理工程师→监理工程师→监理员”两级交底程序向参与工艺试验的监理人员进行现场交底。交底后，监理单位应形成技术交底纪要，附必要的图表，参加技术交底人员签字确认，加盖监理单位公章后生效。监理技术交底记录表见附表 12。

监理交底主要内容包括：施工方案、施工工艺、质量标准、作业标准、机械设备组合、材料及工装设备、监理工作范围及重点、监理工作流程、监理工作控制要点、目标、监控手段、检测方法、安全措施及施工注意事项等。

以阜六铁路 DK126＋900～DK127＋300 段基床底层弱膨胀土路基填筑旋耕机加铧犁机械组合工法为例，监理交底主要内容如下：

(1)施工准备：人员配置、机械设备选型、材料质量控制等。

(2)监理工作流程。

(3)监控重点：原材料检测，布料网络划分，松铺厚度，最佳含水量，布灰的方量及均匀性，拌和深度，拌和遍数，翻拌、旋耕深度，交错层厚度，机械碾压的压实遍数、行走速度、行走线路、压实交叠范围、机械碾压方式，含灰率的测定，检测点分布，检测频次，检测方式，养生方式。

(4)监控手段：采取巡视、旁站、抽检等三种方式进行控制，三种不同方式监理的重点内容。

(5)检测方法：根据《铁路路基工程施工质量验收标准》(TB 10414—2003)规定，采用灌砂法进行每层次的压实度检测，并在每填高 0.9 m 增加地基系数 K_{30} 平板荷载仪进行双控。

监理单位二级技术交底记录表见图 3.5—4、图 3.5—5。

技术交底记录表

施工单位:

<table>
<tr><td>工程名称</td><td colspan="3">新建铁路阜阳至阜六安线</td></tr>
<tr><td>部　　位</td><td>DK126+900～DK127+300 段基床底层弱膨胀土路基填筑旋耕机加铧犁机械组合施工</td><td>分部</td><td>中铁二十四局阜六铁路 II 标项目部二分部</td></tr>
<tr><td colspan="4">技术交底内容:
1、　工程概况：工艺性试验段里程 DK126+900～DK127+300，工程数量 14566m³。
2、　设计图纸：阜六施（路）-II 标-5-1/2，工艺性试验专项方案。
3、　施工采用的主要规范及标准：《铁路路基工程施工质量验收标准》、《客货共线铁路路基工程施工技术指南》，《铁路工程土工试验规程》、《上海铁路局建设工程工艺试验管理暂行办法》。
4、　试验段目的：通过每一填层的试验总结，优化机械组合，获取最佳松铺厚度，碾压方式和机械使用顺序。
5、　施工流程及主要控制工序。
6、　工艺试验参数修正原则及方案。
7、　安全及质量目标。
附：安全、技术交底书</td></tr>
<tr><td>交底人签字</td><td colspan="3"></td></tr>
<tr><td colspan="4">接受交底人签字

2010 年 4 月 10 日</td></tr>
</table>

图 3.5—1　项目总工程师技术交底记录表

技术交底记录表

施工单位：

工程名称	新建铁路阜阳至阜六安线		
部　　位	DK126+900～DK127+300 段基床底层弱膨胀土路基填筑旋耕机加铧犁机械组合施工	架子队	中铁二十四局阜六铁路Ⅱ标项目部二分部第五架子队

技术交底内容：

1、施工组织安排、作业指导书、分项工程交底。

2、作业场所、作业方法、操作规程及施工技术要求。

3、有关试验参数及配合比：灰剂量 5%。

4、测量放样桩位。

5、施工要求：旋耕机加铧犁机械组合路拌法施工要重点控制填土松铺厚度，第一次布灰每平方米的实际石灰用量，第二次布灰每平方米的实际石灰用量，旋耕机翻拌深度、遍数，铧犁深度，碾压方式等。施工、监理单位为了严格控制拌灰均匀性、基床底层压实系数和地基系数，在标准要求上加大测点布置，加大检测频次。

6、工程质量、安全环保等施工方面的具体措施及标准。

附：安全、技术交底书

交底人签字	

接受交底人签字

2010 年 4 月 13 日

图 3.5—2　技术主管技术人员交底记录表

技术交底记录表

施工单位：

<table>
<tr><td>工程名称</td><td colspan="3">新建铁路阜阳至阜六安线</td></tr>
<tr><td>部　　位</td><td>DK126+900～DK127+300 段基床底层弱膨胀土路基填筑旋耕机加铧犁机械组合施工</td><td>班组</td><td>中铁二十四局阜六铁路Ⅱ标项目部二分部第五架子队
3 工班</td></tr>
<tr><td colspan="4">技术交底内容：
1、 作业标准、施工规范及验收标准，工程质量要求。
2、 工艺试验段特点。
3、 工艺试验段目的、意义，以及为达到实验目的拟采取的措施。
4、 施工工艺细则、操作要点及质量标准。
5、 拟采用的人力及机械组合方式。
6、 施工重点工序控制及注意事项。
7、 主要机械操作注意事项。
8、 施工技术措施和安全技术交底。
9、 主要危险源及有可能产生的危害以及应急预案。
附：安全、技术交底书</td></tr>
<tr><td>交底人签字</td><td colspan="3"></td></tr>
<tr><td colspan="4">接受交底人签字

2010 年 4 月 15 日</td></tr>
</table>

图 3.5—3　作业队技术负责人交底记录表

技术交底记录表

监理单位：四川铁科建设监理有限公司阜六监理站

工程名称	新建铁路阜阳至六安线		
部　位	DK126+900～DK127+300 段基床底层弱膨胀土路基填筑旋耕机加铧犁机械组合施工	监理组	阜六监理站第二分站二组

技术交底内容：

为了更好的控制弱膨胀土填筑施工安全质量，针对弱膨胀土施工中应注意的内容要求如下，各专业工程师遵照执行

施工方案主要审查劳动力投入，施工机械配置是否满足；工艺试验计划需要：施工程序和顺序安排是否合理，施工方法是否得当；施工单位安全质量保证体系是否健全，安全、环保、消防和文明施工是否符合有关规定，核实施工技术人员落实情况及对现场施工环节的熟悉情况等，严格执行有关质量验收标准，作业标准，抓好试验环节，对改良土含水量、拌合次数、压实遍数等有关指标的检查和测量，盯紧施工过程的每一个环节、每一道工序，每一项工艺。及时，准确掌握试验段工程进展情况，实现对施工质量全过程监控，认真填写旁站记录，真实反映实际，不得弄虚作假。按规范频率对试验段进行沉降观测，监督检查施工单位的中线复测，并要求其测量记录规范、清楚、签署完备。定期对测量成果进行检查，却让路基的稳定性。有问题时，及时上报监理站处理。根据平行和鉴证检验的要求。配置仪器和设备，指定有资质的检测人员进行试验段检测，平行和鉴证试验工作均需要保证真实的记录质料。有试验监理工程师负责平行资料的收集和归档。现场监理负责鉴证检验资料的收集和归档。助理工程师应按检验标准规定，对试验段施工过程进行施工检查，并对填筑质量进行验收，确保检查数据的科学性、准确性、可行性。

附：安全，技术交底书

交底人签字

接受交底人签字

代克华　陈刚

日期：2010.4.16

图 3.5—4　总监理工程师交底记录表

技术交底记录表

监理单位：四川铁科建设监理有限公司阜六监理站

工程名称	新建铁路阜阳至六安线		
部　位	DK126+900～DK127+300 段基床底层弱膨胀土路基填筑旋耕机加铧犁机械组合施工	监理组	阜六监理站第二分站二组

技术交底内容：

为了更好的控制弱膨胀土填筑施工安全质量，针对弱膨胀土施工中应注意的内容要求如下，各专业监理员遵照执行

检查施工程序和顺序安排是否合理，施工方法是否得当，对改良土含水量，拌合次数，压实遍数等有关指标的检查和测量，盯紧施工过程每一环节，每一遍工序，每一项工艺。及时，准确掌握试验段工程进展概况。对摊铺厚度，第一次布灰，第一次拌合，铧犁旋耕，第二次布灰，第二次拌合，机械碾压，路基施工过程等工序全过程旁站，按规范频率对试验段进行沉降观测，监督检查施工单位的中线复测，并要求测量机构记录规范，清楚，签署完备。定期对测量成果进行检查。却让路基的稳定性：安全，环保，消防和文明施工是否符合有关规定。

附：安全，技术交底书

交底人签字	刘[illegible]

接受交底人签字

王燕国　张顺　郑小平

杨晓玲

日期：2010.4.17

图 3.5—5　监理工程师交底记录表

4 试验过程

弱膨胀土路基填筑路拌法施工试验应严格按“准备阶段→施工阶段→竣工阶段”三个阶段、“填筑区→平整区→碾压区→检验区”四个区段、“施工准备→摊铺晾晒→拌和→整平→机械碾压→路基检测→路基整修→养生”八个流程施工，施工工艺流程见图 4—1。

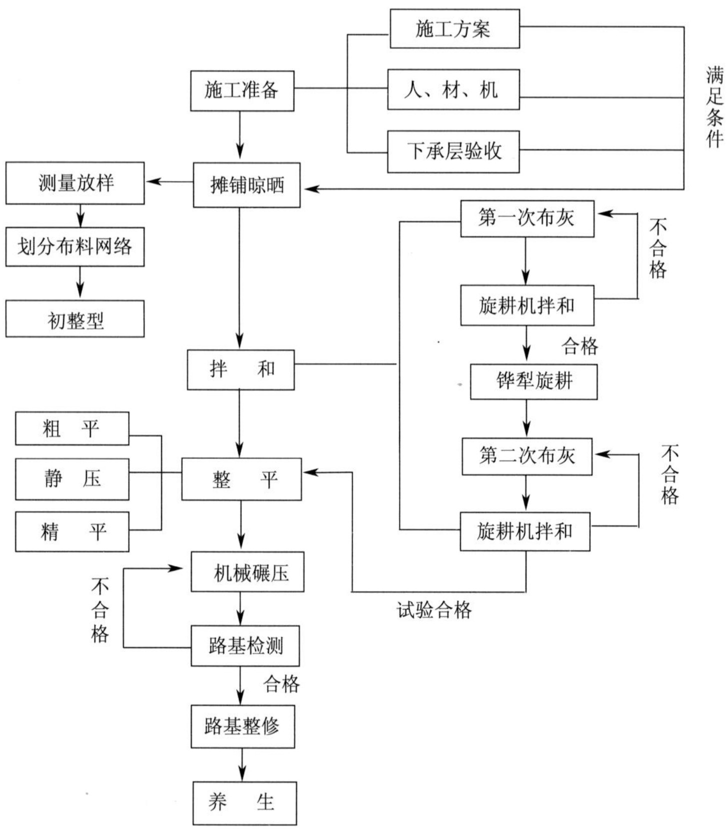

图 4—1　弱膨胀土路基填筑路拌法施工工艺流程图

4.1 施工准备

施工前，应通过标准试验确定EDTA滴定标准曲线；当土料、改良土外掺料(石灰)料源发生变化时必须按要求重新确定EDTA滴定标准曲线。

以阜六铁路DK126+900～DK127+300段基床底层弱膨胀土路基填筑旋耕机加铧犁机械组合施工工艺试验为例，石灰剂量标准曲线试验报告见图4.1—1，击实试验记录见图4.1—2。

施工前，应进行无侧限抗压强度试验。选取具有代表性的风干试料，用木锤捣碎，将试料过筛备用，混合料的最优含水率和最大干密度应预先由击实试验确定，根据试模尺寸确定所需干试料质量，试件制备有静力压实法和锤击法，并进行试件养生，做抗压试验，测定最大含水率。

施工前，应进行下承层验收。除设计特殊规定外，下承层需满足以下条件：基床以下路堤顶面细粒土填料压实系数$K_h \geqslant 0.89$，地基系数$K_{30} \geqslant 0.8$ MPa/cm；基床以下路堤顶面高程允许偏差±50 mm，中线至边缘距离允许偏差±50 mm，宽度不小于设计值，横坡允许偏差±0.5%，平整度允许偏差路堤顶面30 mm。

施工前，施工单位应办理主要进场人员报审，进场材料设备、施工机械报验和开工报告等相关手续，主要进场人员、进场材料设备、施工机械满足本指南第3.3节要求，经监理单位同意后方可开工。

以阜六铁路DK126+900～DK127+300段基床底层弱膨胀土路基填筑旋耕机加铧犁机械组合施工工艺试验为例，主要进场人员报审表，进场施工机械、设备报验单，工程开工报审表见图4.1—3～图4.1—5。

施工前，应做好防、排水设施，尽量做到永临结合。

2009140499N

石灰剂量标准曲线试验报告

委托单位 中铁二十四局集团阜六铁路Ⅱ标项目部二分部　　报告编号 FL-Ⅱ-2-TG-100428-1（灰剂量曲线）

工程名称 阜六铁路Ⅱ标工程路基工程　　委托编号 FL-Ⅱ-2-TG-100426-1

石灰产地 凤阳武店　　记录编号 FL-Ⅱ-2-TG-100426-1

规格种类 Ⅱ级钙质生石灰　　报告日期 2010.04.28

	石灰掺量（%）	EDTA溶液消耗量（ml）		
		1	2	平均值
滴定结果	0	6.5	6.6	6.6
	2	15.1	14.7	14.9
	3	19.1	19.2	19.2
	4	23.3	23.4	23.4
	5	27.7	28.1	27.9
	6	32.4	32.5	32.5

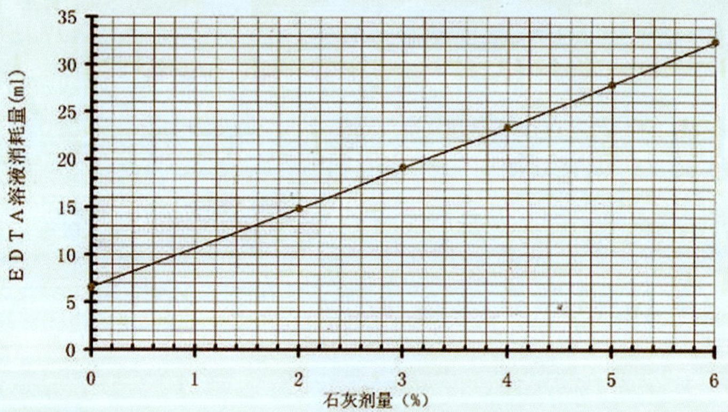

检测评定依据：

《铁路工程土工试验规程》 TB10102-2004

试验意见：

如细粒土或石灰改变，必须重新绘制标准曲线。

结论：合格

见证人 代克华 日期：2010.4.28

试验 司伟　　复核　　批准　　单位（章）

试验专用章

(a)

图 4.1—1

CMA 2009001803N

石灰剂量标准曲线试验报告

检测单位	四川铁科建设监理有限公司阜六铁路监理站	报告编号	FLTL-JL-II-2-TG-100428-1（灰剂量曲线）
工程名称	阜六铁路II标工程路基工程	试验编号	FLTL-JL-TG-100426-1
石灰产地	凤阳武店	记录编号	FLTL-JL-TG-100426-1
规格种类	II级钙质生石灰	报告日期	2010.04.28

	石灰掺量（%）	EDTA溶液消耗量（ml）		
		1	2	平均值
滴定结果	0	6.3	6.7	6.5
	2	15.2	14.8	15.0
	3	19.3	19.1	19.2
	4	23.5	23.2	23.4
	5	27.6	28.0	28.0
	6	32.2	32.4	32.3

EDTA耗量与灰剂量标准曲线:

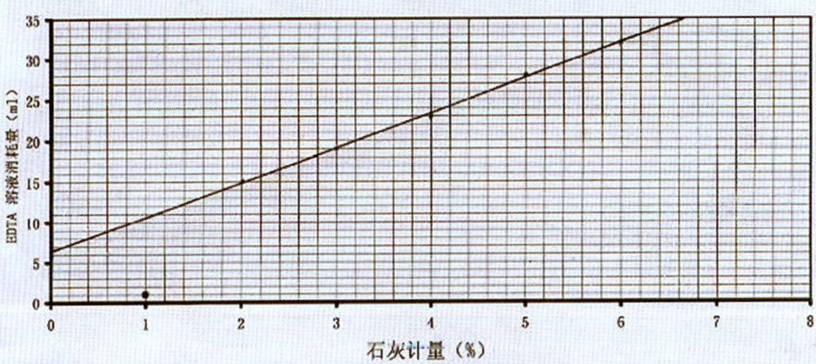

检测评定依据：	试验意见：
《铁路工程土工试验规程》TB10102-2004	如细粒土或石灰改变，必须重新绘制标准曲线。

试验 陶文　复核 代克华　批准 刘勇　单位（章）

四川铁科建设监理有限公司阜六铁路监理站 检测专用章

(b)

图 4.1—1　阜六铁路弱膨胀土路基填筑施工工艺试验石灰剂量标准曲线试验报告

击实试验记录

样品编号 FLTL-JL-JG-100426-1　　记录编号 FLTL-JL-TG-100426-1

委托编号 FLTL-JL-TG-100426-1　　委托日期 2010.04.26

取样地点 DK127+100距铁路正线距离约300米　　试验日期 2010.04.27

仪器设备及环境条件	仪器设备名称	型号	管理编号	示值范围	分辨力	温度（℃）	相对湿度（%）
						26	67
样品状态描述	/		采用标准		TB10102—2004		

试样编号 FLTL-JL-TG-100426-1　土的分类 5%灰土　土的密度 ρ（g/cm³）/　风干试样含水率 ω_0（%）6.5

击实层数 5　每层击数 25　试样制备方法 干法　估计最优含水率（%）16

	试验点号			1		2		3		4		5	
	盒号		计算式	1	2	3	4	5	6	7	8	9	10
含水率	盒和湿试样总质量（g）	(1)		85.66	82.16	104.26	82.4	84.9	81.36	85.33	100.31	81.68	87.26
	盒和干试样总质量（g）	(2)		80.55	77.05	98.09	81.30	88.14	84.49	86.00	92.62	83.30	78.80
	盒质量（g）	(3)		35.72	33.78	54.16	32.18	44.38	38.26	42.38	47.89	40.42	40.44
	水质量（g）	(4)	(4)=(1)-(2)	5.11	5.11	5.07	3.74	6.76	6.87	7.23	7.69	8.38	8.46
	干试样质量（g）	(5)	(5)=(2)-(3)	44.83	43.27	43.93	44.12	43.76	45.23	43.15	44.73	42.88	44.86
	含水率ω（%） 单值	(6)	(6)=[(4)/(5)]×100	11.40	11.81	13.58	13.01	15.18	15.18	17.10	17.18	18.34	18.07
	含水率ω（%） 平均值			11.6		13.3		15.3		17.1		18.3	
干密度	筒和试样总质量 m_2（g）	(1)		4254		4521		4389		4427		4366	
	筒质量 m_1（g）	(2)						2550					
	湿试样质量（g）	(3)	(3)=(1)-(2)	1704		1771		1839		1877		1816	
	筒体积 V（cm³）	(4)						947.9					
	湿密度 ρ（g/cm³）	(5)	(5)=(3)/(4)	1.80		1.37		1.90		1.98		1.92	
	干密度 ρ_d（g/cm³）	(6)	(6)=(5)/(1+ω)	1.61		1.55		1.68		1.69		1.61	

最大干密度 ρ_d（g/cm³）1.69　最优含水率 ω（%）16.7　饱和度 ω_{sat}（%）______

大于5mm、20mm或40mm颗粒含量（%）______　校正后最大干密度（g/cm³）______

校正后最优含水率（%）______

ρ_d—ω关系曲线：

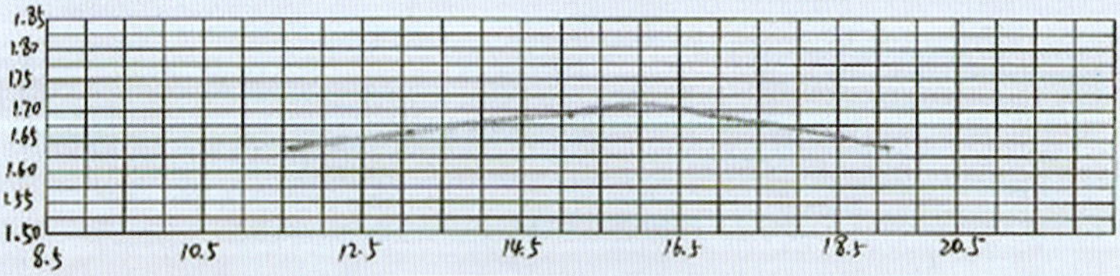

附注：

试验 陶文　计算 陶文　复核 代克华

图 4.1—2　阜六铁路弱膨胀土路基填筑施工工艺试验击实试验记录

阜六铁路
主要进场人员报审表（TA5）

工程项目名称：阜六铁路　　施工合同段：Ⅱ标　　编号：

致：四川铁科监理公司（项目监理机构）：

下列人员已经进场，并满足合同约定或工程施工要求，请予以审查。

附：报审人员资格证明复印件。

承包单位（章）：

专业工程师：

项目负责人：

日　期：2011年3月28日

序号	姓名	性别	出生年月	职务	学历	专业	职称	专业年限	监理审查意见	备注
1	张强	男	1983.5	项目经理	本科	土木工程	工程师	4		
2	刘传勇	男	1966.12	项目书记	大科	经济管理		3		
3	李文	男	1982.9	总工	本科	道路与桥梁	工程师	3		
4	吴腾飞	男	1986.4	工程部副部长	大专	道路与桥梁		4		
5	齐小明	男	1958.5	物设部长	大专	工民建		3		
6	杜顺刚	男	1969.2	办公室主任	高中			3		
7	舒玉友	男	1966.3	安全工程师	大专	安全工程	工程师	3		
8	王宇	男	1986.2	试验主任	本科	试验		3		
9	陈刚	男	1985.10	技术主管	本科	土木工程	助工			
10	王其进	男	1972.2	测量	大专	测量		3		

监理审查意见：

满足施工要求

专业监理工程师/监理分站长：

总监理工程师：

日　期：2011年4月1日

注：本表一式4份，承包单位2份，监理、建设单位各1份。

图 4.1—3　主要进场人员报审表

阜六铁路

进场施工机械、设备报验单（TA4）

工程项目名称：阜六铁路　　施工合同段：Ⅱ标　　编号：

致：四川铁科监理公司（项目监理机构）：

下列施工机械、设备按合同约定已经进场，并经我方检查，能满足工程施工需要，请审查签证并准予使用。

承包单位(章)：

专业工程师：

项目负责人：

日　期：2010年3月28日

序号	机械设备名称	规格及型号	数量	技术状况	进场日期	使用工点	备注
1	挖掘机	PC200	2台	良好	2010.4	路基	
2	装载机	ZL50	1台	良好	2010.4	路基	
3	推土机	SD22	1台	良好	2010.4	路基	
4	振动压路机	YZ20	1台	良好	2010.4	路基	
5	三轮压路机	YZ24	1台	良好	2010.4	路基	
6	平地机	PY165	1台	良好	2010.4	路基	
7	旋耕机	IJQ奔-2003	1台	良好	2010.4	路基	
8	铧犁	1L-420悬挂式	1套	良好	2010.4	路基	
9	中型自卸汽车	12t	4台	良好	2010.4	路基	
10	洒水车	140型	1台	良好	2010.4	路基	

监理审验意见：

专业监理工程师：

监理分站长/总监理工程师：

日　期：2010年4月1日

注：本表一式4份，承包单位2份，监理、建设单位各1份。

图 4.1—4　进场施工机械、设备报验单

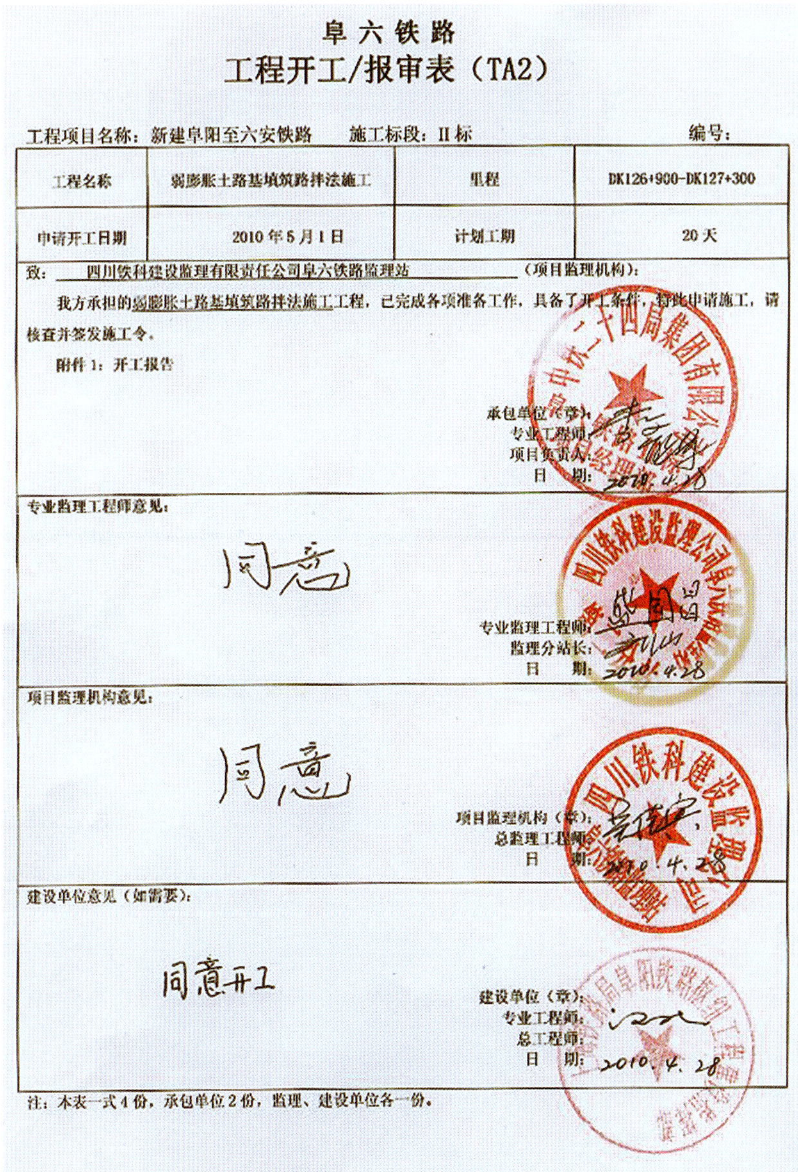

阜六铁路
工程开工/报审表（TA2）

工程项目名称：新建阜阳至六安铁路　　施工标段：II标　　编号：

工程名称	弱膨胀土路基填筑路拌法施工	里程	DK126+900-DK127+300
申请开工日期	2010年5月1日	计划工期	20天

致：四川铁科建设监理有限责任公司阜六铁路监理站（项目监理机构）：

我方承担的弱膨胀土路基填筑路拌法施工工程，已完成各项准备工作，具备了开工条件，特此申请施工，请核查并签发施工令。

附件1：开工报告

承包单位（章）：
专业工程师：
项目负责人：
日　期：2010.4.28

专业监理工程师意见：

同意

专业监理工程师：
监理分站长：
日　期：2010.4.28

项目监理机构意见：

同意

项目监理机构（章）：
总监理工程师：
日　期：2010.4.28

建设单位意见（如需要）：

同意开工

建设单位（章）：
专业工程师：
总工程师：
日　期：2010.4.28

注：本表一式4份，承包单位2份，监理、建设单位各一份。

图 4.1—5　工程开工报审表

4.2 摊铺晾晒

施工单位在施工现场附近引临时水准点，监理单位复测或见证，严格控制标高。划分方格布料网时，应根据填料运输车辆的运输能力确定布料网格；方格网纵向桩距不宜大于 10 m，横向应分别在路基两侧及路基中心设方格网桩。在两侧路肩边缘外设指示桩，方格网内用白灰点控制自卸车倒土密度，控制每层的填料量和摊铺厚度。见图 4.2—1、图 4.2—2。

施工单位应根据施工机械参数确定最佳松铺厚度。

以阜六铁路 DK126＋900～DK127＋300 段基床底层弱膨胀土路基填筑旋耕机加铧犁机械组合工法为例，因 IJQ 奔—2003 型的旋耕机实际旋耕深度为 19～21 cm，填料采用两次拌和，为确保填料拌和均匀且不留有素土层，故最大松铺厚度不能大于 2×(19～21)cm 即 38～42 cm。又因复拌交错厚度宜为 5 cm，故最佳松铺厚度宜为(35±2)cm。

布土后，先用推土机初平，再用平地机平整，填层面目视平顺，并做成向两侧不小于 2%的横向排水坡。施工单位应对松铺厚度、横坡检测，监理单位进行抽检，松铺厚度宜控制在最佳范围、横坡允许偏差±0.5%；施工单位每 100 m 检测 3 处松铺厚度、横坡，监理单位 100%见证；见图 4.2—3。

图 4.2—1 划分布料网格

图 4.2—2 布料

图 4.2—3 摊铺晾晒

布土后，应严格控制填料含水率在施工允许含水率范围内。施工单位应检测现场填料含水率，和标准试验的最优含水率对比，允许偏差不得超过最优含水率的±2%，否则采用晾晒或补水改善填料含水率。施工单位每 100 m 至少抽检 1 处现场填料含水率；监理单位 100% 见证检测过程，每 100 m 至少抽检 1 处现场填料含水率。含水率过高时，采取疏干、松土、晾晒等措施；含水率过低时，及时采取洒水措施，加水湿润，加水量按下列公式计算：

$$m_w = m/(1+\omega) \cdot (\omega_{opt} - \omega)$$

式中　m——所取填料的混重(kg)；

ω——填料的天然含水率；

ω_{opt}——填料的最优含水率。

4.3 拌　和

布灰时，所有施工断面均匀一致，不得出现局部多灰或少灰现象；大风天气不宜布灰，避免扬尘污染环境。施工单位应控制布灰比例，并现场检测；监理单位现场复核；每层 100m 检查 3 处石灰含量。每平方米的理论总石灰用量按下列公式计算：

$$M = \rho \cdot V \cdot P/(1+P)$$

式中　ρ——石灰密度；

V——填料体积；

P——设计含灰率。

每一遍拌和后，目测改良土应整体颜色一致，无灰条、灰团、花面等“白斑病”后用 EDTA 滴定法测定含灰率。施工单位每 100 m 测 3 个断面，每个断面测 3 个点(在中桩和左、右侧各距路肩 1 m 位置处)；监理单位旁站监督拌和全过程，见证施工单位检测石灰含量和拌和深度，并进行平行检测。石灰含量低于设计含量时，应人工补撒石灰，重新拌和均匀(石灰含量允许偏差为设计值－0.5%～＋1.0%)。

拌和均匀后，应及时碾压，否则应采取覆盖等措施，避免扬尘污染环境；石灰和膨胀土混合料粒级$\ngtr$15 mm。

以阜六铁路 DK126＋900～DK127＋300 段基床底层弱膨胀土路基填筑旋耕机加铧犁机械组合工法为例，由于松铺厚度在 35±2 cm 范围之内，而旋耕机刀口的有效翻拌深度为 19～21 cm，第一次拌和后，留下了 14～16 cm 的素土层，因此，布灰、拌和需分两次进行，其主要工序包括：第一次布灰，第一次拌和，铧犁旋耕，第二次布灰，第二次拌和。

(1)第一次布灰

第一填层每平方米的理论石灰用量应根据室内标准试验确定的干密度和理论压实厚度计算；第二填层至最后一填层每平方米的理论石灰用量根据室内标准试验确定的干密度和该层通过试验确定的松铺系数计算出的理论压实厚度来计算。施工单位根据旋耕机翻拌深度和松铺厚度的比值与每平方米的理论总石灰用量，计算每平方米的实际石灰用量，监理单位复核。

因旋耕机实际有效翻拌深度为19～21 cm，占松铺厚度(35±2)cm的50%～60%。故第一次布灰每平方米的实际石灰用量按照设计灰剂量的50%～60%控制。允许偏差为设计值的－0.5%～＋1.0%。见图4.3—1。

图4.3—1　第一次布灰

为保证路基填筑工艺数据的准确性、普遍性、代表性，故现场在规范要求的基础上加大检测频次，每次20 m一个断面，每个断面3点(在中桩和左、右侧各距路肩1 m位置处)检测含灰量。

(2)第一次拌和

根据现场实际检测，IJQ奔—2003型的旋耕机实际有效旋耕深度为19～21 cm，故第一次拌和的实际拌和厚度为19～21 cm。施工单位应用量尺随时量测拌和深度及翻拌深度，每隔5～10 m挖验一处，监理单位见证检测，并每50 m抽检一处。

阜六铁路弱膨胀土路基填筑工艺试验第一次拌和见图 4.3—2。

图4.3—2 阜六铁路弱膨胀土路基填筑工艺试验第一次拌和

阜六铁路弱膨胀土路基填筑工艺试验旋耕机拌和深度现场记录表见表 4.3—1。

表 4.3—1 阜六铁路弱膨胀土路基填筑工艺试验旋耕机拌和深度现场记录表

序号	层数	测点位置	距离	拌和深度(cm)
1	1	DK126+910	左边缘 3 m	19
2	1	DK126+918	中	19
3	1	DK126+928	右边缘 2 m	19
4	1	DK126+945	左边缘 4 m	21
5	1	DK126+965	中	21
6	1	DK126+988	右边缘 2 m	21
7	1	DK126+999	左边缘 2 m	21
8	1	DK127+035	中	21
9	1	DK127+060	右边缘 1 m	21
10	1	DK127+089	左边缘 3 m	20

续上表

序号	层数	测点位置	距离	拌和深度(cm)
11	1	DK127+097	中	21
12	1	DK127+112	右边缘 2 m	21
13	1	DK127+128	左边缘 3 m	21
14	1	DK127+140	中	19
15	1	DK127+168	右边缘 2 m	19
16	1	DK127+175	左边缘 4 m	19
17	1	DK127+197	中	19
18	1	DK127+209	右边缘 2 m	19
19	1	DK127+221	左边缘 2 m	19
20	1	DK127+235	中	20
21	1	DK127+247	右边缘 1 m	21
22	1	DK127+268	左边缘 3 m	22
23	1	DK127+285	左边缘 3 m	21
24	1	DK127+298	中	21

第一次拌和示意图见图 4.3—3。

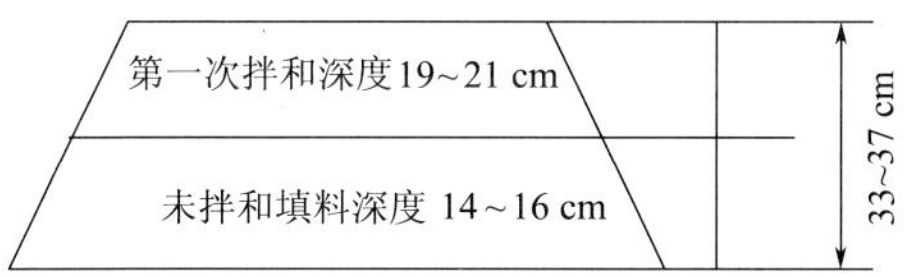

图 4.3—3 第一次拌和示意图

为保证路基工艺数据的准确性、普遍性、代表性，故在规范要求的基础上加大检测频次，每 20 m 一个断面，每个断面 3 点(在中桩和左、右侧各距路肩 1 m 位置处)，用 EDTA 滴定法测定含灰率。

根据现场多点的拌和物取样，EDTA 滴定试验检测表明，旋耕机拌和 3 遍后，改良土的均匀性、含灰率满足要求。故为保证石灰拌和均匀性，旋耕机拌和遍数不宜少于 3 遍。

阜六铁路弱膨胀土路基填筑工艺试验第一次拌和后实测灰剂量见表 4.3—2。

表 4.3—2　阜六铁路弱膨胀土路基填筑工艺试验实测灰剂量表

序号	测点位置	距离	EDTA 耗量(mL)	灰剂量(%)
1	DK126+928	左边缘 3 m	28.1	5.0
2	DK126+957	中	27.3	4.9
3	DK126+979	右边缘 2 m	28.1	5.0
4	DK127+032	左边缘 4 m	28.9	5.2
5	DK127+062	中	28.4	5.1
6	DK127+091	右边缘 2 m	27.9	5.0
7	DK127+124	左边缘 2 m	27.9	5.0
8	DK127+156	中	28.2	5.1
9	DK127+184	右边缘 1 m	28.3	5.1
10	DK127+221	左边缘 4 m	27.6	4.9
11	DK127+254	中	27.0	4.8
12	DK127+289	右边缘 3 m	27.8	5.0
改良土标准试验报告编号	FL-Ⅱ-2-TG-100428-1	石灰剂量 5%时 EDTA 耗量(mL)	27.9	

阜六铁路弱膨胀土路基填筑工艺试验基床底层第三层第一次布灰试验报告见图 4.3—4。

(3)铧犁旋耕

铧犁旋耕必须在表层灰剂量检测合格后进行。

因最佳松铺厚度宜为(35±2)cm，旋耕深入底层需 2～3 cm。故旋耕深度不宜大于 40 cm，否则上下填层夹层间的石灰含量超标，施工成本增加。旋耕过程中，施工单位应挖验旋耕深度，每隔 5～10 m 挖验一处。监理单位旁站监督旋耕全过程，并抽检旋耕深度。

铧犁旋耕见图 4.3—5。

化学改良土和级配碎石中灰剂量试验报告

检测单位	四川铁科建设监理有限公司阜六铁路监理站	报告编号	FLTL-JL-Ⅱ-2-HJL-100505-1
施工里程	DK126+900-DK127+100	委托编号	FLTL-JL-Ⅱ-2-HJL-100505-1
施工部位	基床底层第三层（第一次拌灰）	记录编号	FLTL-JL-Ⅱ-2-HJL-100505-1
设计掺灰量	5%	报告日期	2010.05.05

序号	测点位置	距	EDTA耗量（mL）	灰剂量（%）
1	DK126+951	左边缘2m	28.2	5.1
2	DK127+093	中	27.2	4.8
/	/	/	/	/
/	/	/	/	/
/	/	/	/	/
/	/	/	/	/
/	/	/	/	/
/	/	/	/	/
/	/	/	/	/

改良土标准试验报告编号	FL-Ⅱ-2-TG-100428-1	石灰剂量5%时EDTA耗量（ml）	27.9

EDTA耗量与灰剂量标准曲线：

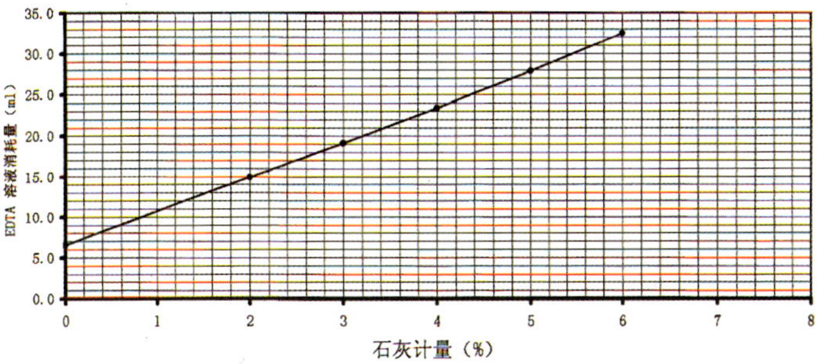

检测评定依据：

《铁路工程土工试验规程》TB10102-2004

《铁路路基工程质量验收标准》TB10414-2003

试验结论：

该层所检点改良土的石灰剂量符合设计5%的掺量要求。

试验　　复核　　批准　　单位（章）

(a)

图 4.3—4

化学改良土和级配碎石中灰剂量试验报告

施工单位	中铁二十四局集团阜六铁路Ⅱ标项目部二分部	报告编号	FL-Ⅱ-2-HJL-100505-8
施工里程	DK126+900-DK127+100	委托编号	FL-Ⅱ-2-HJL-100505-8
施工部位	基床底层第三层（第一次拌灰）	记录编号	FL-Ⅱ-2-HJL-100505-8
设计掺灰量	5%	报告日期	2010.05.05

序号	测点位置	距	EDTA耗量（mL）	灰剂量（%）
1	DK126+915	左边缘1m	28.1	5.0
2	DK126+952	中	28.3	5.1
3	DK126+976	右边缘2m	28.8	5.2
4	DK127+037	左边缘4m	27.7	5.0
5	DK127+071	中	28.3	5.1
6	DK127+093	右边缘3m	27.3	4.9
/	/	/	/	/
/	/	/	/	/
/	/	/	/	/

改良土标准试验报告编号	FL-Ⅱ-2-TG-100428-1	石灰剂量5%时EDTA耗量（ml）	27.9

EDTA耗量与灰剂量标准曲线：

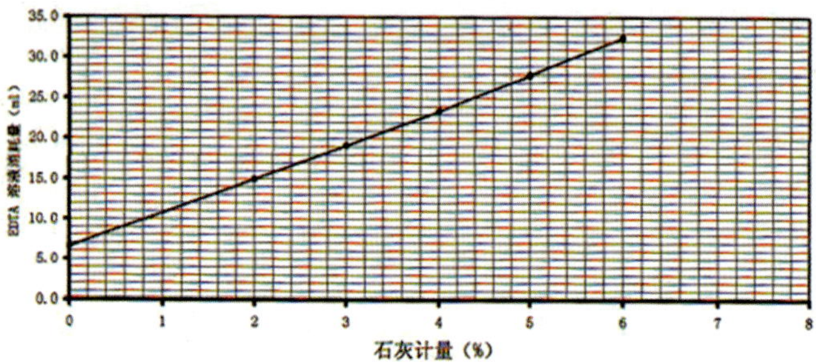

检测评定依据：

《铁路工程土工试验规程》TB10102-2004

《铁路路基工程质量验收标准》TB10414-2003

试验结论：

该层所检点改良土的石灰剂量符合设计5%的掺量要求。

监理见证试验　结论：合格　见证人：代亮华　日期：2010.5.5

试验______　复核______　批准______　单位（章）______

试验专用章

(b)

图 4.3—4　阜六铁路弱膨胀土路基填筑工艺试验基床底层第三层第一次布灰试验报告

图 4.3—5 铧犁旋耕

(4)第二次布灰

第一次布灰、拌和、旋耕检查合格后，将下层素土翻至表层，根据本层确定的每平方理论总石灰用量 M_0 和第一次石灰用量 M_1 计算第二次石灰用量 M_2，即：$M_2=M_0-M_1$。因第一次每平方石灰用量占每平方理论总石灰用量的 50%～60%，故第二次石灰用量为每平方理论总石灰用量的 40%～50%。

为保证路基工艺数据的准确性、普遍性、代表性，故在规范要求的基础上加大检测频次，每 20 m 一个断面，每个断面 3 点(在中桩和左、右侧各距路肩 1 m 位置处)检测含灰量。

阜六铁路弱膨胀土路基填筑工艺试验基床底层第三层第二次布灰试验报告见图 4.3—6。

(5)第二次拌和

两次拌和填料复拌厚度宜为 5 cm，即第二次拌和改良土旋耕要达到第一次拌和改良土表层以下 5 cm，第一次拌和后剩余未拌和素土深度为 14～16 cm，故第二次实际拌和深度也为 19～21 cm，满足 IJQ 奔—2003 型的旋耕机实际有效旋耕深度要求。见图 4.3—7。

2009001803N

化学改良土和级配碎石中灰剂量试验报告

检测单位	四川铁科建设监理有限公司阜六铁路监理站	报告编号	FLTL-JL-Ⅱ-2-HJL-100505-3
施工里程	DK126+900-DK127+100	委托编号	FLTL-JL-Ⅱ-2-HJL-100505-3
施工部位	基床底层第三层（第二次拌灰）	记录编号	FLTL-JL-Ⅱ-2-HJL-100505-3
设计掺灰量	5%	报告日期	2010.05.05

序号	测点位置	距	EDTA耗量（mL）	灰剂量（%）
1	DK126+952	左边缘2m	27.3	4.9
2	DK127+067	中	28.3	5.1
/	/	/	/	/
/	/	/	/	/
/	/	/	/	/
/	/	/	/	/
/	/	/	/	/
/	/	/	/	/
/	/	/	/	/
改良土标准试验报告编号	FL-Ⅱ-2-TG-100428-1	石灰剂量5%时EDTA耗量（ml）	27.9	

EDTA耗量与灰剂量标准曲线：

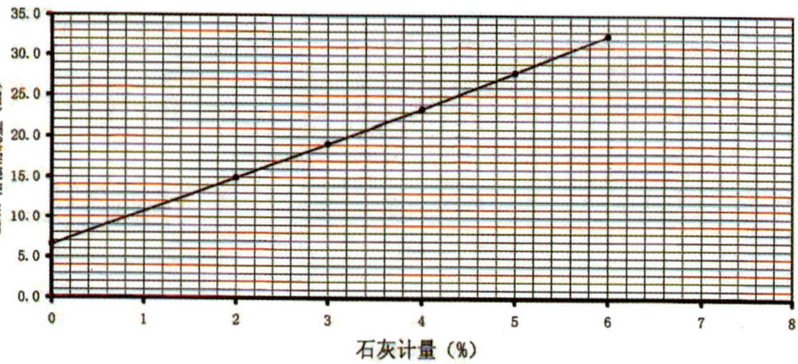

检测评定依据：

《铁路工程土工试验规程》TB10102-2004

《铁路路基工程质量验收标准》TB10414-2003

试验结论：

该层所检点改良土的石灰剂量符合设计5%的掺量要求。

试验______　复核______　批准______　单位（章）

四川铁科建设监理有限公司阜六铁路监理站试验检测专用章

(a)

图　4.3—6

化学改良土和级配碎石中灰剂量试验报告

施工单位 中铁二十四局集团阜六铁路Ⅱ标项目部二分部　报告编号 FL-Ⅱ-2-HJL-100505-10

施工里程 DK126+900-DK127+100　委托编号 FL-Ⅱ-2-HJL-100505-10

施工部位 基床底层第三层（第二次拌灰）　记录编号 FL-Ⅱ-2-HJL-100505-10

设计掺灰量 5%　报告日期 2010.05.05

序号	测点位置	距	EDTA耗量（mL）	灰剂量（%）
1	DK126+921	左边缘3m	28.2	5.1
2	DK126+954	中	28.0	5.0
3	DK126+987	右边缘2m	27.7	5.0
4	DK127+031	左边缘4m	27.7	5.0
5	DK127+069	中	28.5	5.1
6	DK127+087	右边缘2m	28.4	5.1
/	/	/	/	/
/	/	/	/	/
/	/	/	/	/
改良土标准试验报告编号	FL-Ⅱ-2-TG-100428-1	石灰剂量5%时EDTA耗量（ml）	27.9	

EDTA耗量与灰剂量标准曲线：

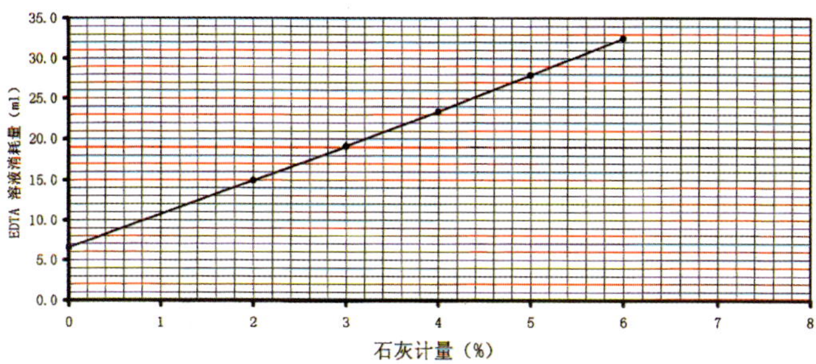

检测评定依据：

《铁路工程土工试验规程》TB10102-2004

《铁路路基工程质量验收标准》TB10414-2003

试验结论：

该层所检点改良土的石灰剂量符合设计5%的掺量要求。

监理见证试验　结论：合格　见证人：　日期：2010-5-5

试验　复核　批准　单位（章）

(b)

图 4.3—6　阜六铁路弱膨胀土路基填筑工艺试验基床底层第三层第二次布灰试验报告

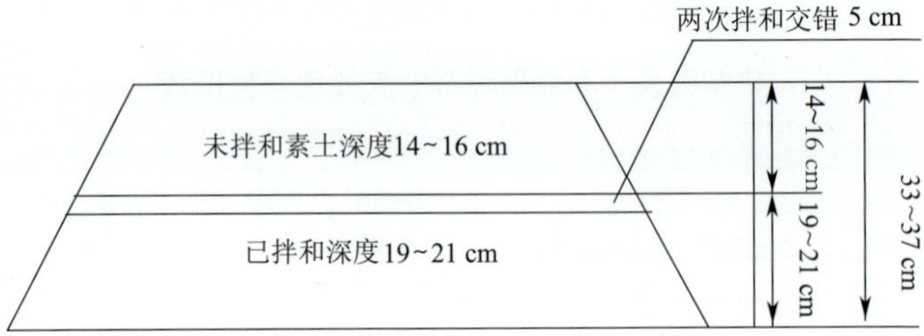

图 4.3—7 路拌法施工第二次布灰拌和示意图

为保证路基工艺数据的准确性、普遍性、代表性，故在规范要求的基础上加大试验频次，每 20 m 一个断面，每个断面 3 点(在中桩和左、右侧各距路肩 1 m 位置处)，用 EDTA 滴定法测定含灰率。

根据现场多点的拌和物取样 EDTA 滴定试验检测表明，旋耕机拌和 3 遍后，改良土的均匀性、含灰率均能满足设计和规范要求。故为保证石灰拌和均匀性，旋耕机拌和遍数不宜少于 3 遍。拌和后填料见图 4.3—8。

图 4.3—8 拌和后填料

4.4 整 平

第二次拌和结束后，拌和深度、混合料均匀性、EDTA 试验各项指标均达到要求后，经监理单位检查认可后方可允许进入整平阶段。

整平时，应按规定的坡度和路拱进行，特别注意接缝处的整平，以保证接缝平顺。整平后，应及时消除坑洼现象，对于局部坑洼处，用齿耙将其表面 5 cm 以上耙松，并用新拌的混合料进行找平，再用平地机整平。整平过程中,应注意横纵坡的设置,禁止任何车辆通行。

4.5 机械碾压

混合料一经拌和,宜在48 h内完成后续碾压工作;碾压应采用先静压、后弱振、再强振、最后静压收光的方式。

碾压时应自两侧向中间纵向碾压,按规定的压实遍数、行走速度、机械行走线路、压实交叠范围、机械碾压方式、机械配合方案进行,压路机的最大碾压行驶速度不宜超过4 km/h。各区段交接处应相互重叠压实,纵向搭接长度应不小于2.0 m,纵向行与行之间的轮迹重叠不小于40 cm,上下两层填筑接头应错开不小于3.0 m;采用斜向进退法,压路机碾压不到部位,采用小型夯实机具分层夯实,夯实分层松铺厚度不大于20 cm。碾压一两遍后,宜用平地机平整,再用人工精平;碾压结束之前,应用平地机终平一次,使其纵向顺适,符合设计要求。碾压过程中,表面应始终保持湿润,严禁有“弹簧”、松散、起皮等现象产生;碾压完成后,表面应无明显的碾压轮痕迹。路基碾压过程见图4.5—1。

图4.5—1 路基碾压过程

施工单位自第四遍开始,每碾压一遍测定压实度,每100 m等间距检查2个断面6个点,每断面左、中、右各1点,左、右点距路基边缘1 m处。监理单位见证检测全过程,10%平行检测。压实系数$K_h \geq$

0.93；每隔 90 cm 一次且末层必须做地基系数试验，地基系数 K_{30} (MPa/cm)≥1.0。

根据阜六铁路 DK126＋900～DK127＋300 段基床底层弱膨胀土路基填筑旋耕机加铧犁机械组合工艺试验检测结果分析：含水量为17.6%左右。采用静压 1 遍→弱振 1 遍→强振 2 遍→收面 2 遍碾压方式碾压后，第四遍压实后压实度平均值为 0.87；第五遍压实后压实度平均值为 0.92；第六遍压实后压实度平均值为 0.95，压实系数满足设计要求，且经济效益最合理。见表 4.5—1、表 4.5—2。

表 4.5—1　阜六铁路弱膨胀土路基路拌法施工工艺试验碾压遍数及效果统计对照表

序号	检测位置	碾压第四遍压实度/含水率	碾压第五遍压实度/含水率	碾压第六遍压实度/含水率
1	DK126＋928	0.88/17.8	0.92/17.8	0.95/17.7
2	DK126＋971	0.88/17.9	0.91/17.7	0.95/17.7
3	DK127＋038	0.89/17.7	0.92/17.6	0.95/17.5
4	DK127＋073	0.87/17.1	0.95/16.7	0.95/17.2
5	DK127＋139	0.86/17.9	0.88/17.8	0.95/17.8
6	DK127＋181	0.85/17.6	0.94/17.5	0.96/17.5
7	DK127＋219	0.89/17.7	0.95/17.6	0.96/17.6
8	DK127＋252	0.89/17.7	0.93/17.7	0.95/17.7

表 4.5—2　阜六铁路弱膨胀土路基路拌法施工工艺试验段第三层碾压六遍 K_{30} 值

序号	检测位置	距离	填土层次	压实遍数	实测值
1	DK127＋109	左边线 2 m	3	6	106
2	DK127＋134	中	3	6	105
3	DK127＋165	右边线 2 m	3	6	107
4	DK127＋187	中	3	6	108
5	DK127＋218	左边线 2 m	3	6	108
6	DK127＋254	中	3	6	107
7	DK127＋273	右边线 2 m	3	6	106
8	DK127＋288	中	3	6	108

阜六铁路弱膨胀土路基填筑工艺试验基床底层第三层压实密度试验报告见图 4.5—2。

测定填料压实密度试验报告

检测单位 四川铁科建设监理有限公司阜六铁路监理站　　报告编号 FLTL-JL-Ⅱ-2-YSD-100505-5

工程名称 阜六铁路Ⅱ标路基工程　　试验编号 FLTL-JL-Ⅱ-2-YSD-100505-5

施工里程 DK126+900-DK127+100　　试验日期 2010.05.05

压实方式 机械　　报告日期 2010.05.05

填料名称			压实密度试验方法			最大干密度 ρ_{dmax} (g/cm3)		最优含水率 ω_{opt} (%)			
5%石灰改良土			灌砂法			1.69		16.8			
测点编号	测点位置	距	施工日期	填土层次	压实遍数	填层压实厚度 (cm)	土的湿密度 ρ_0 (g/cm³)	土的含水率 ω (%)	土的干密度 ρ_d (g/cm³)	压实系数实测值 K_h 规定值	实测值
1	DK126+930	左边缘1m	2010.05.05	3	6	30	1.87	17.8	1.59	0.93	0.94
2	DK126+930	中	2010.05.05	3	6	28	1.86	17.7	1.58	0.93	0.93
3	DK126+930	右边缘1m	2010.05.05	3	6	29	1.86	17.5	1.58	0.93	0.93
4	DK127+072	左边缘1m	2010.05.05	3	6	29	1.89	17.1	1.61	0.93	0.95
/	/	/	/	/	/	/	/	/	/	/	/
/	/	/	/	/	/	/	/	/	/	/	/
/	/	/	/	/	/	/	/	/	/	/	/
/	/	/	/	/	/	/	/	/	/	/	/
/	/	/	/	/	/	/	/	/	/	/	/
/	/	/	/	/	/	/	/	/	/	/	/
/	/	/	/	/	/	/	/	/	/	/	/
/	/	/	/	/	/	/	/	/	/	/	/

检测评定依据：

《铁路工程土工试验规程》TB10102-2004
《铁路路基工程质量验收标准》TB10414-2003
《铁路路基设计规范》TB10001-2005

试验结论：

该层填土的压实系数符合《铁路路基工程质量验收标准》TB10414-2003及《铁路路基设计规范》TB10001-2005的标准要求。

检测专用章

试验 陶文　　复核 代克华　　批准 [illegible]　　单位（章）

图 4.5—2(a)　阜六铁路弱膨胀土路基填筑工艺试验基床底层第三层压实密度试验报告

填料压实质量试验报告

检测单位 四川铁科建设监理有限公司阜六铁路监理站　报告编号 FLTL-JL-II-2-K30-100505-5

工程名称 阜六铁路Ⅱ标路基工程　试验编号 FLTL-JL-II-2-K30-100505-5

施工里程 DK126+900-DK127+100　试验日期 2010.05.05

施工部位 基床底层　报告日期 2010.05.05

填料名称				压实方式			压实质量试验方法	
5%石灰改良土				机械			K30平板荷载仪	
测点编号	测点位置	距	施工日期	填土层次	压实遍数	填层压实厚度	地基系数K30（Mpa/m）	
							规定值	实测值
1	DK126+957	左边线2m	2010.05.05	3	6	88	100	109
2	DK127+045	中	2010.05.05	3	6	91	100	110
/	/	/	/	/	/	/	/	/
/	/	/	/	/	/	/	/	/
/	/	/	/	/	/	/	/	/
/	/	/	/	/	/	/	/	/
/	/	/	/	/	/	/	/	/
/	/	/	/	/	/	/	/	/
/	/	/	/	/	/	/	/	/
/	/	/	/	/	/	/	/	/
/	/	/	/	/	/	/	/	/
/	/	/	/	/	/	/	/	/

检测评定依据：

《铁路工程土工试验规程》TB10102-2004
《铁路路基工程质量验收标准》TB10414-2003
《铁路路基设计规范》TB10001-2005

试验结论：

该层填土的地基系数K30符合《铁路路基工程质量验收标准》TB10414-2003及《铁路路基设计规范》TB10001-2005的标准要求。

试验＿＿　复核＿＿　批准＿＿　单位（章）

图 4.5—2(b)　阜六铁路弱膨胀土路基填筑工艺试验基床底层第三层压实密度试验报告

填料压实质量试验报告

施工单位 中铁二十四局集团阜六铁路Ⅱ标项目部二分部 报告编号 FL-Ⅱ-2-K30-100505-7

工程名称 阜六铁路Ⅱ标路基工程 委托编号 FL-Ⅱ-2-K30-100505-7

施工里程 DK126+900-DK127+100 记录编号 FL-Ⅱ-2-K30-100505-7

施工部位 基床底层 报告日期 2010.05.05

填料名称				压实方式			压实质量试验方法	
5%石灰改良土				机械			K30平板荷载仪	
测点编号	测点位置	距	施工日期	填土层次	压实遍数	填层压实厚度	地基系数K30（Mpa/m）	
							规定值	实测值
1	DK126+935	左边线2m	2010.05.05	3	6	90	100	108
2	DK126+956	中	2010.05.05	3	6	84	100	104
3	DK126+977	右边线2m	2010.05.05	3	6	89	100	105
4	DK126+992	中	2010.05.05	3	6	83	100	107
5	DK127+012	左边线2m	2010.05.05	3	6	91	100	108
6	DK127+046	中	2010.05.05	3	6	88	100	109
7	DK127+067	右边线2m	2010.05.05	3	6	92	100	120
8	DK127+088	中	2010.05.05	3	6	89	100	106
/	/	/	/	/	/	/	/	/
/	/	/	/	/	/	/	/	/
/	/	/	/	/	/	/	/	/
/	/	/	/	/	/	/	/	/

检测评定依据：

《铁路工程土工试验规程》TB10102-2004
《铁路路基工程质量验收标准》TB10414-2003
《铁路路基设计规范》TB10001-2005

试验结论：

该层填土的地基系数K30符合《铁路路基工程质量验收标准》TB10414-2003及《铁路路基设计规范》TB10001-2005的标准要求。

监理见证试验
结论：合格
见证人：代克华 日期：2010.5.5

试验 复核 批准 单位（章）

图 4.5—2(c) 阜六铁路弱膨胀土路基填筑工艺试验基床底层第三层压实密度试验报告

CMA
2009140490N

测定填料压实密度试验报告

施工单位　中铁二十四局集团阜六铁路Ⅱ标项目部二分部　　报告编号　FL-Ⅱ-2-YSD-100505-17

工程名称　阜六铁路Ⅱ标路基工程　　委托编号　FL-Ⅱ-2-YSD-100505-17

施工里程　DK126+900-DK127+100　　记录编号　FL-Ⅱ-2-YSD-100505-17

压实方式　机械　　报告日期　2010.05.05

填料名称			压实密度试验方法			最大干密度 ρdmax (g/cm3)		最优含水率 ω_{opt} (%)		
5%石灰改良土			灌砂法			1.69		16.8		
测点编号	测点位置	距	施工日期	填土层次	压实遍数	填层压实厚度 (cm)	土的湿密度 ρ_0 (g/cm³)	土的含水率 ω (%)	土的干密度 ρ_d (g/cm³)	压实系数实测值 K_h 规定值	压实系数实测值 K_h 实测值
1	DK126+930	左边缘1m	2010.05.05	3	6	30	1.86	18	1.58	0.93	0.93
2	DK126+930	中	2010.05.05	3	6	28	1.87	17.6	1.59	0.93	0.94
3	DK126+930	右边缘1m	2010.05.05	3	6	29	1.86	17.5	1.58	0.93	0.93
4	DK126+972	左边缘1m	2010.05.05	3	6	29	1.88	17.6	1.60	0.93	0.95
5	DK126+972	中	2010.05.05	3	6	27	1.85	17.5	1.57	0.93	0.93
6	DK126+972	右边缘1m	2010.05.05	3	6	29	1.88	17.3	1.60	0.93	0.95
7	DK127+041	左边缘1m	2010.05.05	3	6	28	1.91	17.5	1.63	0.93	0.96
8	DK127+041	中	2010.05.05	3	6	27	1.90	17.6	1.62	0.93	0.96
9	DK127+041	右边缘1m	2010.05.05	3	6	29	1.87	17.7	1.59	0.93	0.94
10	DK127+072	左边缘1m	2010.05.05	3	6	29	1.85	17.3	1.58	0.93	0.93
11	DK127+072	中	2010.05.05	3	6	28	1.88	17.4	1.61	0.93	0.95
12	DK127+072	右边缘1m	2010.05.05	3	6	28	1.86	17.3	1.59	0.93	0.94

检测评定依据：

《铁路工程土工试验规程》TB10102-2004
《铁路路基工程质量验收标准》TB10414-2003
《铁路路基设计规范》TB10001-2005

试验结论：

该层填土的压实系数符合《铁路路基工程质量验收标准》TB10414-2003及《铁路路基设计规范》TB10001-2005的标准要求。

监理见证试验
结论：合格
见证人：　日期：2010.5.5

试验专用章

试验＿＿＿　复核＿＿＿　批准＿＿＿　单位（章）＿＿＿

图4.5—2(d)　阜六铁路弱膨胀土路基填筑工艺试验基床底层第三层压实密度试验报告

4.6 路基检测

路基检测必须符合《铁路工程土工试验规程》和《铁路路基工程施工质量验收标准》的要求。路基检测时，应严格控制压实系数、地基系数指标和检测频次。每层填筑完成后，需进行压实系数 K_h 检测；每三层填筑完成后，需进行压实系数 K_h 和地基系数 K_{30} 双控检测。为确保检测数量的准确性，基床底层压实标准、施工单位、项目监理机构检验数量至少满足表 4.6—1 的规定。检测见图 4.6—1。

表 4.6—1 基床底层压实标准和检验数量

项　目	压实指标	施工单位检验数量	项目监理机构检验数量
地基系数 K_{30}（MPa/cm）	≥1.0	每填高 0.9 m，纵向每 100 m 检测 2 个断面 4 点，距路基边沿 2 m 处 2 点、中间 2 点。不足 0.9 m 亦检查 2 个断面 4 点	100%见证施工单位检测；30%频率平行检测
压实系数 K_h	≥0.93	每层沿纵向每 100 m 等间距检测 2 个断面 6 点，每断面左、中、右各 1 点，左右点距路基边沿 1 m 处	

图 4.6—1 试验检测

基床底层外形尺寸允许偏差、检验数量及检验方法应符合表 4.6—2的规定。

表 4.6—2 基床底层外形尺寸允许偏差、检验数量及检验方法

序号	项　目	允许偏差	检验数量	检验方法
1	中线高程	±20 mm	每 100 m 等间距检查 3 个点	水准仪测量
2	路肩高程	±20 mm	每 100 m 等间距检查 6 个点（左右各 3 点）	水准仪测量
3	中线至路肩边缘距离	路堑：0～+100 mm 路堤：不小于设计值	每 100 m 等间距检查 3 个断面	尺量
4	宽度	不小于设计值	每 100 m 等间距检查 3 个断面	尺量
5	横坡	±0.5%	每 100 m 等间距检查 5 个断面	坡度尺量/水准测量

无侧限抗压强度等其他控制项目符合设计要求。

4.7 路基整修和养生

每层路基检测完成后，应根据路基检测情况，对压实系数 K_h、地基系数 K_{30} 和中线至路肩边缘距离、宽度、横坡、平整度、厚度、顶面高程等外形尺寸存在缺陷处所进行整治。成型路基见图 4.7—1。

图 4.7—1 成型路基

碾压完成后，如不能连续施工应进行养生，使改良土表面保湿养生不少于7天；验收合格的填筑层上应及时覆盖填筑上层素土填料，防止水分散失过快，从而导致表层起皮、翘壳、龟裂现象；养生期间勿使改良土过湿，更不能忽干忽湿，应控制好交通，除洒水车外应封闭交通。当改良土分层施工时，下层检验如压实度、平整度等指标合格后，上层填土能连续施工时可不进行专门的养生期。填筑好的路基严禁曝晒并在下层填筑完成24 h内填筑上层。

5 评估总结

5.1 验收程序

试验结束后，施工单位主要负责人应组织项目总工程师和路基、测量、试验、质量、安全等专业工程师对试验段进行自检，编制试验段工艺试验总结报告。自验收合格后，填写工程验收申请表和检验批质量验收记录表报监理单位初评估；工程验收申请表见图 5.1—1，检验批质量验收记录表见图 5.1—2。工艺试验总结报告主要内容包括：工程概况、试验段概述；施工工艺流程；试验参数；相关数据、影像资料；工程总结；自评估报告等。施工单位工程总结主要内容包括：工程概况；工程施工方法；机械设备组合；压路机碾压行走速度、碾压方式、碾压遍数；填料的颗粒级配、最优含水率及控制；适宜的松铺厚度；各项压实指标采用的检测方法；组织机构的设置及劳力组织；工程质量控制措施；安全环保措施的有效性及改进措施；工程质量自评情况；工程试验，材料试验报告。

监理单位总监理工程师应组织施工单位项目负责人、工艺试验相关参与人员和项目监理机构工艺试验相关参与人员对施工单位试验段工艺试验总结报告进行审查、复评估，对试验段工程实体、内业资料和观感质量进行验收。验收合格后，形成试验段初评估报告，会同施工单位试验段工艺试验总结报告一并报项目管理机构。

项目管理机构分管负责人应组织施工单位项目负责人、主要参与人员，监理单位总监理工程师、主要参与人员，勘察设计单位项目总体、专业设计人员对初评估报告、施工单位试验段工艺试验总结报告进行审查、复评估，对试验段工程实体、内业资料和观感质量进行验收。复评估合格后，形成试验段复评估报告，填写试验段验收表和试验段验收评估申请表，报铁路局。试验段验收表见附表 13，试验段验收评估申请表见附表 14。

以阜六铁路 DK126＋900～DK127＋300 段基床底层弱膨胀土路基填筑旋耕机加铧犁机械组合施工工艺试验为例，工艺试验试验段验收表和验收评估申请表分别见图 5.1—3、图 5.1—4。

项目管理机构、施工、监理、设计单位应根据试验数据优化、修正设计参数和设计方案，经四方签认确定最终参数，形成通过试验段确定的最终参数表，由项目管理机构报铁路局。必要时，可邀请同行业或高校的有关专家参加。通过试验段确定的最终参数表见附表15。

以阜六铁路DK126＋900～DK127＋300段基床底层弱膨胀土路基填筑旋耕机加铧犁机械组合施工工艺试验为例，工艺试验通过试验段确定的最终参数表见图5.1—5。

铁路局宜组织项目管理机构和设计、监理、施工单位等相关人员并邀请有关专家对试验结果进行验收和评估，形成试验段验收评估报告。试验段验收评估报告见附表16。

以阜六铁路DK126＋900～DK127＋300段基床底层弱膨胀土路基填筑旋耕机加铧犁机械组合施工工艺试验为例，工艺试验试验段验收评估报告见图5.1—6。

TA8 工程报验申请表

工程项目名称：新建铁路阜阳至六安线工程Ⅱ标 施工合同段：Ⅱ标段 编号：

致 四川铁科建设监理公司阜六铁路监理站 （项目监理机构）：

根据承包合同和设计文件的要求，我单位已完成下列施工项目并自检合格，报请检查。

附件：基床底层检验批质量验收记录表（Ⅰ）

基床底层检验批质量验收记录表（Ⅱ）

质量检查工程师（签字）

日 期 2010.5.5

阜六铁路Ⅱ标 项目经理部

监理工程师意见：

同意验收

专业监理工程师（签字）

日 期 2010.5.5

注：本表一式3份，承包单位2份，监理单位1份。

图5.1—1 阜六铁路弱膨胀土路基填筑工艺试验工程验收申请表

基床底层 检验批质量验收记录表（Ⅰ）

02010301 □□□

单位工程名称	新建阜阳至六安线工程II标DK122+800-DK134+817区间路基工程		
分部工程名称	基床		
分项工程名称	基床底层	验收部位	DK126+900～DK127+100第三层
施工单位	中铁二十四局集团有限公司阜六铁路II标项目经理部	项目负责人	熊军
施工质量验收标准名称及编号	《铁路路基工程施工质量验收标准》TB10414-2003		

施工质量验收标准的规定					施工单位检查评定记录						监理单位验收记录
主控项目	1	填料的种类、质量		第6.1.3条	符合设计要求						[illegible]
	2	路堤与路堑结合部台阶		第6.1.4条	/						[illegible]
	3	填料分层摊铺压实厚度和压实工艺		第6.1.5条	符合设计要求						[illegible]
	4	基床底层压实质量	压实系数k_h	附录B	0.93	0.94	0.93	0.95	0.93	0.95	合格
					0.96	0.96	0.94	0.93	0.95	0.94	
			地基系数k_{30}（Mpa/cm）	附录B	108	104	105	107	108	109	合格
					120	106					
			相对密度D_r	附录B							
			孔隙率n（%）	附录B							
			掺水泥、石灰、粉煤灰的改良土抗压强度	附录G							

施工单位检查评定结果	检查评定合格	专职质量检查员 舒玉友 2010年5月5日 分项工程技术负责人 陈刚 2010年5月5日 分项工程负责人 [illegible] 2010年5月5日
监理单位验收结论	同意验收	监理工程师 盛国昌 2010年5月5日

图5.1—2(a) 阜六铁路弱膨胀土路基填筑工艺试验检验批质量验收记录表

基床底层 检验批质量验收记录表（Ⅱ）

02010301□□□

单位工程名称	新建阜阳至六安线工程II标DK122+800-DK134+817区间路基工程		
分部工程名称	基床		
分项工程名称	基床底层	验收部位	DK126+900～DK127+100第三层
施工单位	中铁二十四局集团有限公司阜六铁路II标项目经理部	项目负责人	熊军
施工质量验收标准名称及编号	《铁路路基工程施工质量验收标准》TB10414-2003		

类别	序号	施工质量验收标准的规定		施工单位检查评定记录	监理单位验收记录
主控项目	5	改良土路拌深度	第6.1.7条	符合设计要求	符合要求
主控项目	6	土工合成材料质量、铺设层数、方向和连接方法	第6.1.8条	/	
主控项目	7	复合土工膜、上下砂垫层原材料及施工质量	第6.1.9条	/	
主控项目	8	边坡压实质量	设计要求	符合设计要求	符合要求
一般项目	1	不同种类填料质量	第5.1.7条	/	合格
一般项目	2	石灰、水泥掺量允许偏差	第5.5.10条	符合设计要求	
一般项目	3	基床底层顶面允许偏差：高程	±20mm	-17 2 5 -9 20 -13	
一般项目	3	基床底层顶面允许偏差：中线至边缘距	不小于设计值	均不小于设计值	
一般项目	3	基床底层顶面允许偏差：宽度	不小于设计值	均不小于设计值	
一般项目	3	基床底层顶面允许偏差：横坡	±0.5%	0.1 0.2 0.5 0.1 0.2 0.1	
一般项目	3	基床底层顶面允许偏差：平整度	15mm	13 9 3 5 6 7	

施工单位检查评定结果	检查评定合格	专职质量检查员 舒玉友　2010年5月5日 分项工程技术负责人 陈刚　2010年5月5日 分项工程负责人 [签名]　2010年5月5日
监理单位验收结论	验收合格	监理工程师 盛国昌　2010年5月5日

图 5.1—2(b)　阜六铁路弱膨胀土路基填筑工艺试验检验批质量验收记录表

试验段验收表

工程项目名称	新建阜阳至六安铁路	
试验里程及长度	弱膨胀土试验段工法施工	
所属标段	DK126+900-DK127+300 共计400米	
项目管理机构	单位名称	上海铁路局阜阳铁路枢纽工程建设指挥部
	主管人员	苏杰
	联系电话	13365781000
计划开工日期	2010年5月1日	
计划完工日期	2010年5月20日	

检查项目		要求	检查意见
项目管理机构	施工图审核	完成	已完成
	技术交底审查	完成	已完成
	作业指导书审查	完成	已完成
	试验段计划审批	完成	已完成
施工单位	专项施工方案	已通过审批	已通过审批
	技术交底	齐全完备	已齐全完备
	作业指导书	齐全完备	已齐全完备
	专业施工队伍	人员配备齐全	人员已配备齐全
	质量自控体系	齐全完备	已齐全完备
监理单位	专项监理细则	完成	已完成
	专项施工方案	已审查	已审查
	监理人员配备	满足要求	已满足要求
	平行检测或见证检测	满足要求	已满足要求
设计单位	技术交底	已完成	已完成
	配合人员	有	已设专人

本表一式二份，由项目管理机构填写，建设处、项目管理机构各一份。

图 5.1—3　阜六铁路弱膨胀土路基填筑工艺试验试验段验收表

试验段验收评估申请表

工程项目名称		新建阜阳至六安铁路
试验性质		弱膨胀土试验段工法施工
试验里程及长度		DK126+900-DK127+300 共计400米
所属标段		II标
项目管理机构	单位名称	上海铁路局阜阳铁路枢纽工程建设指挥部
	主管人员	苏 杰
	联系电话	
施工单位	单位名称	中铁二十四局阜六铁路II标项目经理部
	主管人员	熊 军
	联系电话	
监理单位	单位名称	四川铁科建设监理有限公司
	主管人员	吴佳宾
	联系电话	
设计单位	单位名称	中铁上海设计院集团有限公司
	主管人员	钟志华
	联系电话	
开工日期		2010年5月1日
完工日期		2010年5月20日
申请验收评估时间		2010年6月15日

试验实施概况：

阜六铁路DK126+900-DK127+300弱膨胀土路基试验段已于2010年5月1日正式开工，2010年5月20日完工。该路基本体设计为弱膨胀土，普通填料，填筑高度为3.1米，平均宽度为18米。本次施工总体方向严格按照路基施工的“三阶段，四区段，八流程”组织施工，在虚铺普通填料完成后，拟采用两次掺灰法合石灰均匀分布。

第一次掺灰时间为虚铺普通填料完成后，普通填料虚铺厚度为30-35cm，第一次掺灰的放量为设计的50%-60%，掺灰后使用旋耕机进行3-5次旋耕，刀口深度为18-22cm，掺灰方法为机械加人工。

第二次掺灰时间为铧犁将第一次掺灰后的填料翻至底层。底层未掺灰的普通填料翻至表面后进行，第二次掺灰的方量为设计的50%-40%，掺灰后使用旋耕机进行3-5次旋耕，刀口深度为18-22cm，掺灰方法为机械加人工。

最后使用大型压路机进行碾压，碾压次数为6次，静压1次，弱振1次，强振2次，收面2次。

我单位已根据《上海铁路局建设工程工艺实验管理暂行办法》的有关规定，完成了该试验段实验结果的初步验收评估，现申请路局建设管理处对实验结果进行验收评估。我单位初步总结评估报告、实验数据、影像资料详见附件。

项目管理机构（章）

日 期：2010.6.4

本表一式二份，由项目管理机构填写，建设处、项目管理机构各一份。

图 5.1—4 阜六铁路弱膨胀土路基填筑工艺试验试验段验收评估申请表

通过试验段确定的最终参数表

工程项目名称	新建阜阳至六安铁路
试验段性质	弱膨胀土路基填筑路拌法施工试验段
试验段里程及长度	DK126+900—DK127+300
所属标段	Ⅱ标

序号	名　称	确定的参数
1	虚铺厚度	35±2
2	布灰次数及比例	两次布灰，第一次布灰为设计量的60%、第二次为设计量40%
3	机械组合	2台压路机、2台挖掘机、 4台12t运输车、1台推土机、1台平地机
4	碾压遍数	静压1遍，弱振1遍，强振2遍，静压二遍收光
5	含水率	最佳含水率的±2%

结论：

通过试验段土方填筑的施工，依据现场检验结果，总结得出：

1. 通过试验段确定两次最佳布灰比例，第一次布灰为设计量的 60%、第二次为设计量 40%，确定最佳拌合工序。

2. 最佳机械组合为：2台压路机、2台挖掘机、 4台12t运输车、1台推土机、1台平地机、1台旋耕机、1台犁土机；

3. 最适宜的碾压遍数：　　5%改良土：静压1遍，弱振1遍，强振2遍，静压2遍收光，压实度≥93%.

4. 含水率：含水率应控制在最佳含水率±2%时开始碾压效果最好。

5. 与路拌机对比，验证机械组合特点。

(1)机械成本：旋耕机与铧犁设备成本较小，路拌机成本较大。

(2)施工周期：从效率上旋耕机与铧犁在局部点上施工效率低，在整体上施工投入方便工点多，效率高。

设计单位：	建设单位：	监理单位：	施工单位：
日　期：5.28	日　期：5.28	日　期：2010.5.28	日　期：2010.5.28

图 5.1—5　阜六铁路弱膨胀土路基填筑工艺试验通过试验段确定的最终参数表

试验段验收评估报告

工程项目名称	新建阜阳至六安铁路	
试验段性质	膨胀土路基试验段施工	
试验段里程及长度	DK126+900～DK127+300 共计 400 米	
所属标段	Ⅱ标	
项目管理机构	单位名称	上海铁路局阜阳铁路枢纽工程建设指挥部
	主管人员	苏杰
	联系电话	
计划开工日期	2010 年 5 月 1 日	
计划完工日期	2010 年 5 月 20 日	
试验段验收评估时间	2010 年 10 月 28 日	

试验段验收评估意见：（评估报告另附）

在阜六铁路采取路拌法施工，较厂拌法施工节约了建设成本，施工方便，可多点施工，提高了机械施工效率，加快了施工进度，但在质量控制上较厂拌法集中拌和困难，需组织人员进行重点盯控。综合评估意见，通过试验段各项参数的验证，方案可行，可在全线推广应用。具体意见见评估报告。

建设管理处（章）

日　　期：2010 年 10 月 28 日

注：本表一式二份，由铁路局填写，铁路局、项目管理机构各一份。

图 5.1—6　阜六铁路弱膨胀土路基填筑工艺试验试验段验收评估报告

5.2 验收评估

1 施工单位自评估主要内容

1)专门管理机构、各参与人员是否履行职责,质量、安全保证体系是否正常运转。

2)是否按规定进行工艺试验一般调查,并进行方案比选。

3)是否按规定编制工艺试验专项方案程序并申报;是否及时修正、完善。

4)人员资质是否符合要求,是否按规定进行岗前培训;施工机械是否按规定进行机械性能检验,并达到工艺试验相关参数要求;是否建立用、管、维修等制度;检测设备是否满足工艺试验相关要求,是否进行标定;原材料有出厂合格证、检测报告等资料是否符合规定,并按规定程序报验。

5)是否编制技术交底书,按规定进行技术交底,并留下相应记录;试验参数发生变化时是否重新交底。

6)是否编制作业指导书,按规定程序审批;试验参数发生变化时是否重新编制作业指导书。

7)施工中,是否按审批的工艺试验专项方案施工;是否按规定频次对施工现场进行检查;是否按规定程序进行检验;关键工序是否执行签认制度;检测频次、方式是否满足要求;施工存在的问题是否制定专项措施,并及时整改;是否根据试验过程不断优化试验参数。

8)压实系数 K_h 和地基系数 K_{30}、基床底层外形尺寸是否符合要求。

9)各种记录是否真实、齐全;检验批填写是否及时、规范。

10)试验结束后,是否对试验成果进行分析;是否按确定的参数指导施工。

2 施工单位自评估报告主要内容

1)机械设备组合。

2)两次最佳布灰比例。

3)压路机碾压行走速度、碾压方式、碾压遍数。

4)填料的颗粒级配、最优含水率及控制。

5)与其他路拌法施工机械组合的社会效益、经济效益、施工周期的对比成果分析。

6)关键工序及其控制措施。

7)自评结论。

3 监理单位初评主要内容

1)项目建设相关批复文件,施工图设计文件是否齐全,相关标准、规范是否配备。

2)是否按规定进行工艺试验一般调查,是否按规定编制施工现场调查报告。

3)是否建立了专门管理机构,并运转正常。

4)工艺试验专项方案是否按规定程序申报、审批,并根据审核意见修正、完善。

5)人员资质是否符合要求,是否按规定进行岗前培训;施工机械是否按规定进行机械性能检验,并达到工艺试验相关参数要求;是否建立用、管、维修等制度;检测设备是否满足工艺试验相关要求,是否进行标定;原材料有出厂合格证、检测报告等资料是否符合规定,并按规定程序报验。

6)是否编制技术交底书,按规定进行技术交底,并留下相应记录;试验参数发生变化时是否重新交底。

7)是否编制作业指导书,按规定程序审批;试验参数发生变化时是否重新编制作业指导书。

8)是否按规定编制开工报告并上报。

9)施工中,是否按审批的工艺试验专项方案施工;是否按规定频次对施工现场进行检查;是否按规定程序进行检验;关键工序是否执行签认制度;检测频次、方式是否满足要求;施工存在的问题是否制定专项措施,并及时整改;是否根据试验过程不断优化试验参数。

10)压实系数 K_h 和地基系数 K_{30}、基床底层外形尺寸是否符合要求。

11)各种记录是否真实、齐全;检验批填写是否及时、规范。

4 监理初评估报告主要内容

1)验收组人员组成。

2)必备的设计图纸和标准,专项施工方案和作业指导书审查情况。

3)检验批资料、各类技术文件、数据验收情况。

4)现场对路基填筑尺寸、路堤顶面高程允许偏差、中线至边缘距离允许偏差、横坡允许偏差、平整度允许偏差、路基填筑密实度及路基外观质量验收情况。

5)本工法的优缺点。

6)初评估意见。

5 验收评估主要内容

除监理单位初评主要内容外,还需包括以下内容:

1)项目管理机构、施工、监理单位各参与人员是否履行职责,质量、安全保证体系是否正常运转。

2)工艺试验监理专项实施细则是否按规定程序申报、审批。

3)监理人员数量、资质是否符合要求,是否按规定进行岗前培训;监理单位检测设备是否满足工艺试验相关要求,是否进行标定;是否建立用、管、维修等制度,并按规定程序报验。

4)监理单位是否编制技术交底书,按规定进行技术交底,并留下相应记录;试验参数发生变化时是否重新交底。

5)监理单位是否按规定进行巡查、旁站、见证、平行检验。

6)监理单位各种记录是否真实、齐全。

6 验收评估报告主要内容

验收评估报告由专家验收评估组组长负责组织编写,专家验收评估组成员签认。验收评估报告主要内容:

1)验收组人员组成。

2)必备的设计图纸和标准,专项施工方案、专项监理实施细则和作业指导书审查情况。

3)检验批、各类技术文件、数据验收情况。

4)资料、现场石灰计量、填料拌和、路基碾压及密实度检测等资料验收情况。

5)现场对路基填筑尺寸、路堤顶面高程允许偏差、中线至边缘距离允许偏差、横坡允许偏差、平整度允许偏差、路基填筑密实度及路基外观质量验收情况。

6)本工法的优缺点。

7)验收评估结论。

5.3 经验总结

施工时,宜集中力量连续快速施工,分段完成。应尽量避免雨季施工,当有困难不能避免时,需保证排水畅通,不出现积水浸泡工作面场地的现象。

施工时,为避免石灰扬尘污染环境,第二次拌和应及时进行碾压;如无法及时碾压,应采取覆盖措施。

施工准备阶段易产生问题:施工方案不具有针对性,未按规定报批;所选检测土源不具有代表性,土料、改良土外掺料(石灰)检验次数不足、指标超标;人员数量不足,或人员、劳务队伍资质不满足要求;施工机械配备不全,机械参数未验证产生偏差;下承层验收不合格。

摊铺晾晒阶段易产生问题:摊铺厚度超标;填料含水率不达标;填层表面平整度差;横坡不满足设计要求。

布灰、拌和阶段易产生问题:布灰量不足,布灰不均匀。

在阜六铁路 DK126+900~DK127+300 段基床底层弱膨胀土路基填筑旋耕机加铧犁机械组合施工时,易出现以下问题:

第一次拌和时:拌和不均匀,拌和深度不够;

铧犁旋耕时:旋耕深度不足,出现夹层;

第二次拌和时:拌和不均匀,拌和深度不够,出现夹层。

整平阶段易产生问题:填层表面不平整,横坡不满足设计要求。

碾压阶段易产生问题:压实度不够,压实范围不够,压实路基表面平整度不符合要求。

对膨胀土路堤的边坡部分应加强施工控制和检验,压实检测应单独进行,抽验点数可按《铁路路基工程施工质量验收标准》适当增加。

参 考 文 献

［1］《铁路路基工程施工质量验收标准》(TB 10414—2003).

［2］《客货共线铁路路基工程施工技术指南》(TZ 202—2008).

［3］《铁路工程土工试验规程》(TB 10102—2004).

［4］《铁路路基设计规范》(TB 10001—2005).

［5］《关于印发《铁路建设项目作业指导书编制暂行办法》的通知》(建建〔2009〕107 号).

［6］《关于印发《铁路建设项目技术交底管理暂行办法》的通知》(铁建设〔2009〕155 号).

［7］《关于公布〈上海铁路局建设工程工艺试验管理暂行办法〉的通知》(上铁建发〔2010〕56 号).

［8］《关于公布〈上海铁路局建设工程工艺试验管理办法〉的通知》(上铁建发〔2011〕28 号).

［9］《生产经营企业安全生产事故应急预案编制导则》(国家安全生产监督总局 2006 年 9 月 20 发布).

附　　表

附表1:试验段实施计划表

<table>
<tr><td colspan="2">工程项目名称</td><td></td></tr>
<tr><td colspan="2">试验段性质</td><td></td></tr>
<tr><td colspan="2">试验段里程及长度</td><td></td></tr>
<tr><td colspan="2">所属标段</td><td></td></tr>
<tr><td rowspan="3">项目管理机构</td><td>单位名称</td><td></td></tr>
<tr><td>主管人员</td><td></td></tr>
<tr><td>联系电话</td><td></td></tr>
<tr><td rowspan="3">施工单位</td><td>单位名称</td><td></td></tr>
<tr><td>主管人员</td><td></td></tr>
<tr><td>联系电话</td><td></td></tr>
<tr><td rowspan="3">监理单位</td><td>单位名称</td><td></td></tr>
<tr><td>主管人员</td><td></td></tr>
<tr><td>联系电话</td><td></td></tr>
<tr><td rowspan="3">设计单位</td><td>单位名称</td><td></td></tr>
<tr><td>主管人员</td><td></td></tr>
<tr><td>联系电话</td><td></td></tr>
<tr><td colspan="2">计划开工日期</td><td></td></tr>
<tr><td colspan="2">计划完工日期</td><td></td></tr>
<tr><td colspan="3">试验段概况:</td></tr>
<tr><td colspan="3">项目管理机构(章):
日　期:</td></tr>
</table>

注:本表一式2份,由项目管理机构填写,铁路局、项目管理机构各1份。

附表 2:施工单位工艺试验专项方案报审表

<table>
<tr><td>工程名称</td><td></td></tr>
<tr><td rowspan="3">上级主管部门审批</td><td>工程管理部审核意见：

审核人：</td></tr>
<tr><td>安质部审核意见：

审核人：</td></tr>
<tr><td>总工程师审批意见；

总工程师：</td></tr>
<tr><td colspan="2">
施工单位(章)：
日　期：</td></tr>
</table>

注:本表一式 2 份,由施工单位上级主管部门填写,施工、监理单位各 1 份。

附表3:工艺试验专项方案报审表

工程项目名称:　　　　　　　　　　施工合同段:　　　　　　　　　　编号:

<table>
<tr><td>致＿＿＿＿＿＿＿＿＿＿＿＿＿＿＿＿(监理单位):
　　我单位根据施工相关规定已编制完成＿＿＿＿＿＿＿＿＿＿＿＿＿＿
工程的方案,并经我单位技术负责人审查批准,请予以批准。
　　附件:施工方案

承包单位(章):
专业工程师:
项目负责人:
日　期:　　　年　　月　　日</td></tr>
<tr><td>专业监理工程师意见:

专业监理工程师:
日　期:　　　年　　月　　日</td></tr>
<tr><td>监理单位意见:

监理单位(章):
总监理工程师:
日　期:　　　年　　月　　日</td></tr>
<tr><td>项目管理机构意见:

项目管理机构(章):
专业工程师:
分管负责人:
日　期:　　　年　　月　　日</td></tr>
</table>

注:本表一式4份,施工单位2份,监理单位、项目管理机构各1份。

附表 4:试验段实施方案审查申请表

<table>
<tr><td>工程项目名称</td><td colspan="2"></td></tr>
<tr><td>试验段性质</td><td colspan="2"></td></tr>
<tr><td>试验段里程及长度</td><td colspan="2"></td></tr>
<tr><td>所属标段</td><td colspan="2"></td></tr>
<tr><td rowspan="3">项目管理机构</td><td>单位名称</td><td></td></tr>
<tr><td>主管人员</td><td></td></tr>
<tr><td>联系电话</td><td></td></tr>
<tr><td>计划开工日期</td><td colspan="2"></td></tr>
<tr><td>计划完工日期</td><td colspan="2"></td></tr>
<tr><td>申请方案审查时间</td><td colspan="2"></td></tr>
<tr><td colspan="3">项目管理机构(章):
日　期:</td></tr>
</table>

注:本表一式 2 份,由项目管理机构填写,铁路局、项目管理机构各 1 份。

附表 5:试验段方案审查批复表

<table>
<tr><td>工程项目名称</td><td colspan="2"></td></tr>
<tr><td>试验段性质</td><td colspan="2"></td></tr>
<tr><td>试验段里程及长度</td><td colspan="2"></td></tr>
<tr><td>所属标段</td><td colspan="2"></td></tr>
<tr><td rowspan="3">项目管理机构</td><td>单位名称</td><td></td></tr>
<tr><td>主管人员</td><td></td></tr>
<tr><td>联系电话</td><td></td></tr>
<tr><td>计划开工日期</td><td colspan="2"></td></tr>
<tr><td>计划完工日期</td><td colspan="2"></td></tr>
<tr><td>方案审查时间</td><td colspan="2"></td></tr>
<tr><td colspan="3">实施方案审查批复意见:(专家组审查报告另附)

铁路局(章):
日　期:</td></tr>
</table>

注:本表一式 2 份,由铁路局填写,铁路局、项目管理机构各 1 份。

附表 6:试验段方案修改备案表

<table>
<tr><td>工程项目名称</td><td colspan="2"></td></tr>
<tr><td>试验段性质</td><td colspan="2"></td></tr>
<tr><td>试验段里程及长度</td><td colspan="2"></td></tr>
<tr><td>所属标段</td><td colspan="2"></td></tr>
<tr><td rowspan="3">项目管理机构</td><td>单位名称</td><td></td></tr>
<tr><td>主管人员</td><td></td></tr>
<tr><td>联系电话</td><td></td></tr>
<tr><td>计划开工日期</td><td colspan="2"></td></tr>
<tr><td>计划完工日期</td><td colspan="2"></td></tr>
<tr><td>方案审查时间</td><td colspan="2"></td></tr>
<tr><td colspan="3">针对实施方案审查批复意见修改结果(修改后实施方案和细则详见附件):

项目管理机构(章):
日　期:</td></tr>
</table>

注:本表一式 2 份,由项目管理机构填写,铁路局、项目管理机构各 1 份。

附表7:专项监理实施细则报审表

工程项目名称:　　　　施工合同段:　　　　编号:

<table>
<tr><td>致________________（监理单位上级主管部门、项目管理机构）:
　　我监理站根据监理相关规定已编制完成____________工程的专项监理实施细则,请予以审查、批准。
　　附件:专项监理实施细则

监理单位(章):
专业监理工程师:
总监理工程师:
日　期:　　　年　　月　　日</td></tr>
<tr><td>监理单位上级主管部门意见:

总工程师:
日　期:　　　年　　月　　日</td></tr>
<tr><td>项目管理机构意见:

项目管理机构(章):
专业工程师:
分管负责人:
日　期:　　　年　　月　　日</td></tr>
</table>

注:本表一式2份,项目管理机构、监理单位各1份。

附表 8:TA5 主要进场人员报审表

工程项目名称： 施工合同段： 编号：

致________________（监理单位）：

下列人员已进场，并满足合同约定，请予以审查。

附：人员资格证明复印件。

承包单位(章)：________

项目经理：________

日 期：________

序号	姓名	性别	出生年月	职务	学历	专业	专业年限	备注	监理审核意见

审查意见：

总监理工程师：________

日 期：________

注：本表一式 4 份，承包单位 2 份，监理单位、项目管理机构各 1 份。

附表 9:TA4 进场施工机械、设备报验单

工程项目名称： 施工合同段： 编号：

致＿＿＿＿＿＿＿＿＿＿＿＿＿＿＿＿（监理单位）：

下列施工机械、设备按合同约定已进场，并经我方检查，能满足工程施工需要，请审查签证并准予使用。

承包单位（章）：＿＿＿＿＿＿

技术负责人：＿＿＿＿＿＿

日　　期：＿＿＿＿＿＿

序号	机械设备名称	规格及型号	数量	技术状况	进场日期	使用工点	备注	监理审核意见

审验结论：

专业监理工程师：＿＿＿＿＿＿

日　　期：＿＿＿＿＿＿

注：1. 对性能、数量不符合要求需更换或补充的原因另附说明；

2. 本表一式 4 份，承包单位 2 份，监理单位、项目管理机构各 1 份。

附表 10:TA6　进场材料/构配件/设备报验单

工程项目名称：　　　　　　　　施工合同段：　　　　　　　　编号：

致＿＿＿＿＿＿＿＿＿＿(监理单位)：

下列原材料/构件/设备经自检符合技术规范要求,报请验证并准予在指定的部位使用。

附件:1. 出厂质量保证书(产品合格证)；

2. 出厂检验报告；

3. 自检试验报告。

项目经理：＿＿＿＿＿＿＿＿

技术负责人：＿＿＿＿＿＿＿＿

日　　期：＿＿＿＿＿＿＿＿

<table>
<tr><td colspan="2">名　称</td><td></td><td></td><td></td></tr>
<tr><td colspan="2">规格及型号</td><td></td><td></td><td></td></tr>
<tr><td colspan="2">本 批 数 量</td><td></td><td></td><td></td></tr>
<tr><td colspan="2">供 货 单 位</td><td></td><td></td><td></td></tr>
<tr><td colspan="2">到 达 时 间</td><td></td><td></td><td></td></tr>
<tr><td colspan="2">合　格　证</td><td></td><td></td><td></td></tr>
<tr><td colspan="2">来源或产地</td><td></td><td></td><td></td></tr>
<tr><td colspan="2">使用工点及部位</td><td></td><td></td><td></td></tr>
<tr><td rowspan="3">自验情况</td><td>取样地点及日期</td><td></td><td></td><td></td></tr>
<tr><td>检查人及检查日期</td><td></td><td></td><td></td></tr>
<tr><td>检　验　结　果</td><td></td><td></td><td></td></tr>
<tr><td colspan="2">使 用 日 期</td><td></td><td></td><td></td></tr>
<tr><td colspan="2">监理检查意见</td><td></td><td></td><td></td></tr>
</table>

审核结论：

监理单位(章)：＿＿＿＿＿＿＿＿

专业监理工程师：＿＿＿＿＿＿＿＿

日　　期：＿＿＿＿＿＿＿＿

注:本表一式 4 份,承包单位 2 份,监理单位、项目管理机构各 1 份。

附表 11:作业指导书报审表

工程项目名称：　　　　　　　　施工合同段：　　　　　　　　编号：

<table>
<tr><td>致________________________(项目管理机构、监理单位)：
我单位根据施工相关规定已编制完成______________工程的作业指导书,并经我单位技术负责人审查批准,请予以批准。
附件:作业指导书

承包单位(章)：
专业工程师：
项目负责人：
日　期：　　　年　　月　　日</td></tr>
<tr><td>专业监理工程师意见：

专业监理工程师：
日　期：　　　年　　月　　日</td></tr>
<tr><td>监理单位意见：

监理单位(章)：
总监理工程师：
日　期：　　　年　　月　　日</td></tr>
<tr><td>项目管理机构意见：

项目管理机构(章)：
专业工程师：
分管负责人：
日　期：　　　年　　月　　日</td></tr>
</table>

注:本表一式 4 份,施工单位 2 份,监理单位、项目管理机构各 1 份。

附表 12:技术交底记录表

施工(监理)单位:

<table>
<tr><td>工程名称</td><td colspan="3"></td></tr>
<tr><td>部　　位</td><td></td><td>班组</td><td></td></tr>
<tr><td colspan="4">技术交底内容:</td></tr>
<tr><td>交底人签字</td><td colspan="3"></td></tr>
<tr><td colspan="4">接受交底人签字:

年　　月　　日</td></tr>
</table>

附表 13:试验段验收表

<table>
<tr><td>工程项目名称</td><td colspan="3"></td></tr>
<tr><td>试验段里程及长度</td><td colspan="3"></td></tr>
<tr><td>所属标段</td><td colspan="3"></td></tr>
<tr><td rowspan="3">项目管理机构</td><td>单位名称</td><td colspan="2"></td></tr>
<tr><td>主管人员</td><td colspan="2"></td></tr>
<tr><td>联系电话</td><td colspan="2"></td></tr>
<tr><td>计划开工日期</td><td colspan="3"></td></tr>
<tr><td>计划完工日期</td><td colspan="3"></td></tr>
<tr><td colspan="2">检查项目</td><td>要求</td><td>检查意见</td></tr>
<tr><td rowspan="4">项目管理机构</td><td>施工图审核</td><td>完成</td><td></td></tr>
<tr><td>技术交底审查</td><td>完成</td><td></td></tr>
<tr><td>作业指导书审查</td><td>完成</td><td></td></tr>
<tr><td>试验段计划审批</td><td>完成</td><td></td></tr>
<tr><td rowspan="5">施工单位</td><td>专项施工方案</td><td>已通过审批</td><td></td></tr>
<tr><td>技术交底</td><td>齐全完备</td><td></td></tr>
<tr><td>作业指导书</td><td>齐全完备</td><td></td></tr>
<tr><td>专业施工队伍</td><td>人员配备齐全</td><td></td></tr>
<tr><td>质量自控体系</td><td>齐全完备</td><td></td></tr>
<tr><td rowspan="4">监理单位</td><td>专项监理细则</td><td>完成</td><td></td></tr>
<tr><td>专项施工方案</td><td>已审查</td><td></td></tr>
<tr><td>监理人员配备</td><td>满足要求</td><td></td></tr>
<tr><td>平行检测或见证检测</td><td>满足要求</td><td></td></tr>
<tr><td rowspan="2">设计单位</td><td>技术交底</td><td>已完成</td><td></td></tr>
<tr><td>配合人员</td><td>有</td><td></td></tr>
</table>

注:本表一式 2 份,由项目管理机构填写,铁路局、项目管理机构各 1 份。

附表 14:试验段验收评估申请表

<table>
<tr><td>工程项目名称</td><td colspan="2"></td></tr>
<tr><td>试验段性质</td><td colspan="2"></td></tr>
<tr><td>试验段里程及长度</td><td colspan="2"></td></tr>
<tr><td>所属标段</td><td colspan="2"></td></tr>
<tr><td rowspan="3">项目管理机构</td><td>单位名称</td><td></td></tr>
<tr><td>主管人员</td><td></td></tr>
<tr><td>联系电话</td><td></td></tr>
<tr><td rowspan="3">施工单位</td><td>单位名称</td><td></td></tr>
<tr><td>主管人员</td><td></td></tr>
<tr><td>联系电话</td><td></td></tr>
<tr><td rowspan="3">项目监理机构</td><td>单位名称</td><td></td></tr>
<tr><td>主管人员</td><td></td></tr>
<tr><td>联系电话</td><td></td></tr>
<tr><td rowspan="3">设计单位</td><td>单位名称</td><td></td></tr>
<tr><td>主管人员</td><td></td></tr>
<tr><td>联系电话</td><td></td></tr>
<tr><td>开工日期</td><td colspan="2"></td></tr>
<tr><td>完工日期</td><td colspan="2"></td></tr>
<tr><td>申请验收评估时间</td><td colspan="2"></td></tr>
<tr><td colspan="3">试验段实施概况：</td></tr>
<tr><td colspan="3">项目管理机构(章)：
日　期：</td></tr>
</table>

注:本表一式 2 份,由项目管理机构填写,铁路局、项目管理机构各 1 份。

附表 15:通过试验段确定的最终参数表

<table>
<tr><td colspan="2">工程项目名称</td><td colspan="2"></td></tr>
<tr><td colspan="2">试验段性质</td><td colspan="2"></td></tr>
<tr><td colspan="2">试验段里程及长度</td><td colspan="2"></td></tr>
<tr><td colspan="2">所属标段</td><td colspan="2"></td></tr>
<tr><td>序号</td><td>名　称</td><td colspan="2">确定的参数</td></tr>
<tr><td>1</td><td></td><td colspan="2"></td></tr>
<tr><td>2</td><td></td><td colspan="2"></td></tr>
<tr><td>3</td><td></td><td colspan="2"></td></tr>
<tr><td>4</td><td></td><td colspan="2"></td></tr>
<tr><td>5</td><td></td><td colspan="2"></td></tr>
<tr><td>6</td><td></td><td colspan="2"></td></tr>
<tr><td colspan="4">结论:</td></tr>
<tr><td>勘察设计单位:
日　期:</td><td>项目管理机构:
日　期:</td><td>监理单位:
日　期:</td><td>施工单位:
日　期:</td></tr>
</table>

注:本表一式 5 份,由各参建单位填写,铁路局、参建单位各 1 份。

附表 16:试验段验收评估报告

<table>
<tr><td>工程项目名称</td><td colspan="2"></td></tr>
<tr><td>试验段性质</td><td colspan="2"></td></tr>
<tr><td>试验段里程及长度</td><td colspan="2"></td></tr>
<tr><td>所属标段</td><td colspan="2"></td></tr>
<tr><td rowspan="3">项目管理机构</td><td>单位名称</td><td></td></tr>
<tr><td>主管人员</td><td></td></tr>
<tr><td>联系电话</td><td></td></tr>
<tr><td>计划开工日期</td><td colspan="2"></td></tr>
<tr><td>计划完工日期</td><td colspan="2"></td></tr>
<tr><td>试验段验收评估时间</td><td colspan="2"></td></tr>
<tr><td colspan="3">试验段验收评估意见:(评估报告另附)

铁路局(章):
日　期:</td></tr>
</table>

注:本表一式 2 份,由铁路局填写,铁路局、项目管理机构各 1 份。